AF403936

DÉCRET

PORTANT RÈGLEMENT

SUR LES

ALLOCATIONS DE SOLDE

ET

ACCESSOIRES DE SOLDE

DES

OFFICIERS, ASPIRANTS, FONCTIONNAIRES ET DIVERS AGENTS

DU DÉPARTEMENT DE LA MARINE ET DES COLONIES

(1er juin 1875)

10 francs.

PARIS

LIBRAIRIE SCIENTIFIQUE, INDUSTRIELLE ET AGRICOLE

EUGÈNE LACROIX, IMPRIMEUR-ÉDITEUR

Distributeur officiel de la Marine et de plusieurs Sociétés savantes

54, RUE DES SAINTS-PÈRES, 54

1875

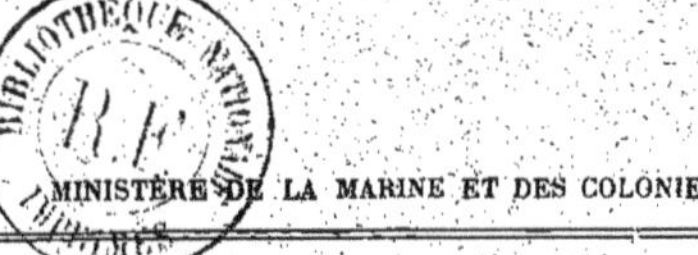

MINISTÈRE DE LA MARINE ET DES COLONIES.

*Le ministre de la marine et des colonies à Messieurs les
Vice-amiraux commandant en chef, Préfets maritimes ;
Gouverneurs et commandants de colonies ; Commandant
supérieur de la marine en Algérie ; Officiers généraux,
supérieurs et autres pourvus d'un commandement à la
mer ; Commissaires généraux de la marine ; Chefs du
service de la marine dans les ports secondaires ; Directeurs des établissements de la marine hors des ports ;
Membres des conseils d'administration des divisions des
équipages de la flotte et des bâtiments armés ; Ordonnateurs
de la marine aux colonies ; Inspecteurs en chef et inspecteurs de la marine ; Inspecteurs en chef coloniaux.*

(3e Direction ; Services administratifs : 3e bureau ; Solde, revues et habillement :
4e Direction : Colonies ; 1er, 2e, 3e et 4e bureaux.)

Versailles, o 15 juin 1875.

*Envoi d'un décret portant règlement sur la solde des officiers,
aspirants, fonctionnaires et divers agents du département
de la marine et des colonies.*

Messieurs, j'ai l'honneur de vous informer que M. le Président
de la République a revêtu de sa signature, le 1er juin 1875, un
décret portant règlement sur les allocations de solde et accessoires de solde des officiers, aspirants, fonctionnaires et divers
agents du département de la marine et des colonies ainsi que
sur les frais de passage, le chauffage, l'éclairage et les abonnements à titre de frais de bureau.

Les prescriptions consacrées par ce décret seront mises à
exécution à compter du 1er août prochain, comme l'indique
l'article 217. Il n'est fait d'exception à cet égard que pour le traitement de table des aspirants dont les dispositions nouvelles ont
été rendues applicables de suite. (Circulaire du 7 juin 1875).

La lecture du décret vous fera reconnaître facilement les
modifications apportées à la réglementation antérieure ; cepen-
dant il est quelques points sur lesquels je crois nécessaire
d'appeler particulièrement votre attention.

En 1851, la solde à la mer des officiers des divers corps autres
que les officiers de marine, la solde d'état-major général et celle
d'officier en second se composaient de la solde à terre proprement dite et d'une allocation qui, sous le titre de supplément à

*Solde à la mer, solde
d'état-major général ou
d'officier en second, solde
coloniale et solde en
Algérie (art. 19 et sui-
vants).*

la mer, s'ajoutait à la solde à terre. D'un autre côté, la solde aux colonies et la solde en Algérie n'étaient autres que la solde à terre à laquelle on ajoutait également un supplément qui prenait, suivant le cas, le titre de supplément colonial ou de supplément de résidence en Algérie.

L'unification de la solde opérée en 1868 a eu pour effet de faire disparaître le supplément à la mer, le supplément d'état-major général, le supplément d'officier en second, le supplément colonial et le supplément de résidence en Algérie. Des soldes spéciales ont été créées sous la dénomination de solde à la mer, de solde d'état-major général ou d'officier en second, de solde coloniale et de solde en Algérie. Toutes ces dispositions ont été reproduites dans le décret dont le texte se trouve, par suite, en harmonie avec les tarifs de solde.

Dispositions particulières au service colonial (art. 32 et suivants). Le décret du 19 octobre 1851 contenait seulement quelques dispositions spéciales au service colonial bien que les prescriptions de ce décret fussent applicables au personnel des colonies ainsi que cela résulte d'une circulaire manuscrite du 22 janvier 1852 (personnel et services militaires des colonies) qui, en faisant envoi des exemplaires du dit acte aux gouverneurs et commandants des colonies, contenait des instructions particulières au service colonial notamment en ce qui concernait la concession des congés, l'allocation du supplément colonial et l'indemnité de lit de bord.

Le nouveau décret comble les lacunes qui existaient à cet égard dans le décret du 19 octobre 1851 ; il prévoit les positions générales qui peuvent motiver des exceptions en ce qui touche le personnel employé dans les colonies et indique les situations qui dans le service courant se présentent fréquemment. Mais il n'a pas été possible d'insérer dans le décret les dispositions d'un caractère spécial, et c'est au Ministre qu'il appartiendra de régler, par des dépêches successives, toutes les positions exceptionnelles qui viendraient à se produire dans le service des colonies.

Officiers et autres admis à faire valoir leurs droits à la retraite (art. 11). Les dispositions concernant l'époque à laquelle les officiers, fonctionnaires et agents admis à faire valoir leurs droits à la retraite sont rayés des contrôles d'activité, ont été modifiées. Ils seront rayés à compter du lendemain de la notification qui leur sera faite de la décision du Ministre. Il ne sera fait d'exception à cet égard que dans le cas où les nécessités du service exigeront qu'un officier ou autre soit maintenu à l'activité. Le Ministre, par une décision spéciale, aura la faculté de le conserver en service pendant un délai qui ne pourra excéder trois mois. Dans cette position, les officiers, fonctionnaires ou agents maintenus en activité continueront à recevoir, par mois et à terme échu, la solde et les accessoires de solde de leur grade suivant la position qu'ils occuperont.

Quant aux officiers admis à la retraite et qui n'auront pas été maintenus en service, ils pourront recevoir, en attendant la remise de leur brevet de pension de retraite, une allocation temporaire égale au minimum de la pension de leur grade. Cette allocation qui est payable par mois et à terme échu sera précomptée sur les premiers arrérages de leur pension de retraite.

L'article relatif au cumul de la solde avec un traitement d'activité a été mis en harmonie avec les prescriptions du décret du 31 mai 1862 portant règlement sur la comptabilité publique et avec celles de la loi du 16 février 1872 qui règle, au point de vue de l'indemnité législative, la situation des fonctionnaires nommés députés à l'assemblée nationale. Un nota reproduit les articles du décret et le texte de la loi qui déterminent les cas dans lesquels le cumul est autorisé. C'est ce qui a été fait, d'ailleurs, toutes les fois que le texte du décret vise des dispositions résultant d'actes spéciaux. Ce mode de procéder épargnera les recherches souvent difficiles auxquelles les fonctionnaires ou les parties intéressées sont obligés de se livrer pour consulter ces actes. *(Cumul de la solde avec un traitement d'activité (art. 16).)*

Le décret renferme un article spécial à la délivrance du livret de solde, à la tenue de ce document ainsi qu'au renouvellement du livret lorsqu'il est entièrement rempli ou qu'il a été perdu par le titulaire. Cet article comble une lacune du décret du 19 octobre 1851. *(Livret de solde (art. 17).)*

L'article 26 détermine que les officiers et agents embarqués sur les bâtiments de la 2e et 3e catégorie de la réserve ainsi que sur le bâtiment central n'ont droit qu'à la solde de présence à terre. Il reproduit, à cet égard, les dispositions du décret du 8 novembre 1872 relatif à la supputation des services et à la solde du personnel embarqué sur les bâtiments de la réserve. *(Officiers et agents embarqués sur les bâtiments de la 2e et la 3e catégorie de la réserve ainsi que sur le bâtiment central (art. 26).)*

Les vacances accordées aux membres du conseil d'amirauté et du conseil des travaux ainsi qu'à d'autres officiers, fonction- *(Vacances du Conseil d'amirauté, du Conseil des travaux, etc. (art. 26).)*

naires ou agents, lorsque leur emploi le comporte, sont considérées comme une position de présence pendant laquelle l'officier, fonctionnaire ou agent conserve la totalité des allocations attribuées à sa fonction ou à son emploi. Cette disposition est basée sur ce que le titulaire n'étant pas tenu de se déplacer, il n'y a aucune raison pour le priver des immunités attachées à la position qu'il occupe ou à la localité qu'il habite.

Officiers, fonctionnaires ou agents, membres des conseils généraux (art. 28). Le nouveau décret contient des dispositions relatives aux officiers, fonctionnaires ou agents membres des conseils généraux des départements. La solde de présence leur a été maintenue dans cette position.

Différentes espèces de congés (art. 45 et 46). Les prescriptions en vigueur à l'égard des officiers, fonctionnaires ou agents qui obtiennent des congés avec autorisation de prêter leur concours à des entreprises industrielles ont été reproduites dans le décret lequel prévoit également une nouvelle catégorie de congés spéciaux pouvant être accordés à des fonctionnaires ou agents provenant d'autres départements ministériels. Il a été tenu compte de la difficulté, quelquefois même de l'impossibilité où se trouve le fonctionnaire ou agent en expectative de réintégration, d'obtenir immédiatement ou à bref délai, un emploi dans le département ministériel auquel il avait été emprunté.

Congés de convalescence (art. 42). L'article 42 relatif aux congés de convalescence consacre les mesures prescrites par la circulaire du 22 octobre 1846 et en vertu desquelles les officiers des divers corps de la marine et les aspirants sont placés d'office dans la position de non-activité lorsqu'après une année passée en congé de convalescence, les certificats de l'autorité médicale constatent qu'un nouveau congé de six mois serait insuffisant. Les fonctionnaires et agents qui se trouvent dans une situation analogue peuvent obtenir des prolongations de congé jusqu'à leur rétablissement ou jusqu'à leur mise à la retraite si la maladie dont ils sont atteints a été contractée par suite d'un acte de dévouement accompli dans un intérêt public ou en exposant leurs jours dans certaines circonstances déterminées.

Congés pour aller aux colonies françaises et en pays étranger hors d'Europe (art. 51). L'article 51 relatif aux congés pour se rendre aux colonies françaises ou en pays étranger hors d'Europe a été mis en harmonie avec les dispositions successivement adoptées depuis la promulgation du décret du 19 octobre 1851. Il détermine la durée extrême de ces congés en prenant pour base la durée du trajet à effectuer.

Les articles 56 et 57 reproduisent les prescriptions en vigueur relativement à la concession des permissions d'absence et aux droits qu'elles confèrent aux officiers, aspirants, fonctionnaires et agents.

Permissions (art. 56 à 58).

L'article 58 renferme une disposition nouvelle en ce qui concerne le visa des permissions d'absence accordées aux officiers et autres embarqués sur les bâtiments dépendant d'une escadre ou d'une division navale. Ces permissions ne seront plus soumises désormais au visa du commissaire aux armements du port dans lequel se trouvera le bâtiment. Elles seront enregistrées par les administrateurs des bâtiments à la charge par eux de porter les mouvements à la connaissance des ports comptables sous peine d'engager leur responsabilité personnelle.

Le décret du 19 octobre 1851 n'attribuait la solde de présence qu'à compter du lendemain du jour où l'officier ou autre rejoignait son poste. Désormais, le jour du retour au port ou à l'établissement sera considéré comme une journée passée dans une position de présence.

Epoque de la rentrée en jouissance de la solde de présence (art. 59).

L'officier, aspirant, fonctionnaire ou agent qui rentrait à son poste après le terme fixé pour l'expiration de son congé ou de sa permission était privé du rappel de sa solde pendant la durée du dernier mois de son congé ou pendant toute la durée de sa permission. Cette disposition n'a pas été maintenue. L'officier ou autre qui dépasse le terme de son congé ou de sa permission doit être puni disciplinairement, mais il n'y a pas lieu de lui imposer d'autre retenue que celle du montant de la solde afférente au nombre de jours pendant lesquels il a été en position d'absence illégale. Pour prévenir les abus et afin que l'officier, aspirant, fonctionnaire ou agent ne puisse pas prolonger indéfiniment son absence, le décret indique qu'il doit prévenir immédiatement son chef direct s'il n'a pu, étant en congé avec ou sans solde ou en permission, rentrer à son poste à l'expiration de son autorisation d'absence.

Officiers dépassant la limite de leur congé ou de leur permission (art. 60).

La solde d'hôpital a été supprimée. Par analogie avec la décision du Ministre de la guerre rendue applicable aux troupes de la marine, la position d'un officier ou autre admis à l'hôpital est considérée comme une position de présence, sous la réserve qu'il subit sur sa solde une retenue journalière pendant toute la durée de son séjour dans un établissement hospitalier. Cette disposition simplifie à la fois les tarifs et les décomptes à

Solde d'hôpital.

établir au profit des officiers et autres traités dans les hôpitaux.

Délégations (art. 64 et suivants).

Le maximum des délégations que les officiers, fonctionnaires ou agents peuvent consentir a été élevé des deux tiers aux trois quarts de la solde à la mer proprement dite pour les officiers ou autres embarqués, lorsque les délégations sont souscrites en faveur de leurs femmes, descendants ou ascendants. Le maximum a été maintenu aux deux tiers pour les autres délégataires. Cette modification aux prescriptions du décret du 19 octobre 1851 supprimera une correspondance inutile entre les ports et l'administration centrale attendu que l'élévation du taux maximum des délégations, tout en permettant aux délégants de n'abandonner que la partie de la solde dont ils veulent faire profiter leurs délégataires, rendra moins nombreuses les demandes de délégations exceptionnelles. C'est dans le même ordre d'idées que le décret modifie les dispositions qui assignaient une durée d'une année ou de deux années aux délégations souscrites par les officiers, employés ou agents servant aux colonies. Le renouvellement de ces délégations souvent négligé par les délégants, mettait dans l'embarras les délégataires qui comptaient sur le paiement, à terme échu, de sommes destinées à pourvoir à des dépenses d'entretien et de nourriture. A l'avenir, les délégations du personnel colonial auront leur effet pendant toute la durée du service aux colonies, à moins d'une mention contraire énoncée dans les déclarations de délégation.

L'article 69 consacre les prescriptions d'une décision ministérielle établissant qu'en cas de décès des délégataires, les arrérages de délégations non perçus par lui au moment de son décès font retour au délégant.

Solde du cadre de réserve (art. 73).

Le cadre de réserve qui avait été supprimé en 1848 n'ayant été rétabli que par le décret du 1er décembre 1852, le règlement sur la solde ne contenait aucune prescription relative à la solde des officiers généraux de la 2e section du cadre de l'état-major général de la marine. L'article 73 comble cette lacune. Un nota stipule, en même temps, que la solde des officiers généraux faisant partie du cadre de réserve a été fixée par le décret précité aux trois cinquièmes de la solde de leur grade, dégagé de tous accessoires et que la loi de finances du 2 août 1868 n'a pas appliqué à ces officiers généraux le bénéfice de l'augmentation de solde accordée aux officiers généraux et assimilés des armées de terre et de mer placés dans la première section du cadre (activité et disponibilité).

A l'avenir l'autorisation de résidence accordée à un officier en non-activité comportera de plein droit l'autorisation de recevoir sa solde dans la localité indiquée. On supprimera ainsi une correspondance incessante et qui n'avait pas de but utile.

Solde de non-activité (art. 74 et 75).

La solde de réforme qui n'était payable que par trimestre sera payée désormais par mois et à terme échu. Cette disposition qui occasionnera, il est vrai, un peu plus de travail à l'administration et notamment aux bureaux de l'administration centrale, a été prise en faveur d'un personnel dont la solde minime est insuffisante pour faire face aux besoins des titulaires. C'est la même pensée qui a conduit à adopter une disposition qui permet aux officiers autorisés à faire valoir leurs droits à la retraite et à ceux qui sont mis en réforme de recevoir, en attendant la liquidation définitive de leurs droits à une pension ou à une solde de réforme, une allocation temporaire égale aux deux tiers du minimum de la pension de retraite de leur grade et dont le montant sera ensuite précompté sur les premiers arrérages de la solde ou de la pension de réforme qui leur sera attribuée.

Solde de réforme (art. 76 et suivants).

Ainsi qu'il a été dit plus haut, la solde d'hôpital a été supprimée et remplacée par le paiement de la solde de présence sous la réserve d'une retenue déterminée pour chaque journée passée dans un établissement hospitalier. L'article 80 détermine les règles d'allocation de la solde pour les officiers et autres admis dans les hôpitaux.

Officiers et autres admis dans les hôpitaux (art. 80).

L'article 81 renferme une disposition nouvelle qui permet aux officiers, fonctionnaires et agents en traitement dans les hôpitaux de recevoir, mensuellement, sur leur demande, la solde à laquelle ils ont droit. Mais afin de prévenir les abus cette concession a été entourée de garanties. En effet, le soin d'approuver les demandes de l'espèce a été réservé au Ministre, pour les officiers et autres présents à Paris ou dans l'intérieur ; aux Vice-Amiraux commandant en chef, préfets maritimes, dans les ports militaires ; aux chefs de service dans les ports secondaires ; aux directeurs dans les établissements de la marine hors des ports.

Un supplément de solde de cinq cents francs par an est attribué aux lieutenants de vaisseau ayant douze années de service dans ce grade.

Supplément aux lieutenants de vaisseau ayant douze années de service dans ce grade (art. 94).

Cette disposition bienveillante remédiera, dans une certaine mesure, aux conséquences qu'entraînent, au point de vue de l'avancement, les réductions successives qui ont été apportées dans les fixations du cadre des officiers de marine.

Le décret du 19 octobre 1851 ne contenait aucune disposition relative à la concession de l'indemnité en rassemblement. Cette lacune a été comblée par les prescriptions de l'article 107 qui détermine que les fixations du tarif constituent un maximum qui peut être réduit suivant les circonstances.

Il a paru nécessaire de comprendre sous le titre : *accessoires de la solde*, les frais de service attribués aux commissaires et administrateurs de l'inscription maritime par le règlement du 19 juillet 1848, et de maintenir cette allocation au titulaire de la fonction absent momentanément de son poste, à la charge par lui de pourvoir à toutes les dépenses auxquelles l'indemnité doit faire face.

L'indemnité spéciale allouée pour mission hydrographique aux ingénieurs hydrographes sera étendue, à l'avenir, aux officiers de la marine chargés par le Ministre d'une mission de cette nature.

L'indemnité de responsabilité à laquelle ont droit les comptables des matières de la marine a été comprise au nouveau décret sous le titre : *accessoires de la solde*.

La même disposition a été prise à l'égard de l'indemnité pour frais de bureau. Le nouveau décret reproduit les prescriptions du règlement du 19 juillet 1848 en tenant compte des modifications successives qui ont été apportées au tarif qui y était annexé.

L'allocation de frais de premier établissement aux gouverneurs, commandants de colonies et évêques a paru de nature à figurer dans le décret sur la solde.

L'indemnité représentative du chauffage et de l'éclairage, comme toutes celles qui étaient déterminées par les règlements du 19 juillet 1848, a trouvé place dans le nouveau décret qui consacre le texte du règlement précité sous la réserve des modifications résultant des décisions ministérielles intervenues depuis sa mise à exécution.

Les articles 149 à 166 reproduisent en grande partie les dispositions relatives au traitement de table qui sont disséminées dans les volumes de la collection du *Bulletin officiel de la marine* et dans des circulaires et dépêches manuscrites.

La seule modification importante à signaler est celle qui cesse d'allouer au commandant d'un bâtiment promu à un nouveau grade, le traitement de table de ce grade à compter du jour de sa nomination. A l'avenir et conformément à l'art. 163, le traitement de table du nouveau grade ne sera alloué qu'à partir du jour où parviendra au commandant du bâtiment l'avis de sa promotion au grade supérieur.

La rapidité des communications depuis que les bâtiments de la flotte sont pourvus de moteurs à vapeur et qu'un grand nombre d'entre eux transitent par l'isthme de Suez pour se rendre dans nos possessions d'outre-mer, a conduit à réduire la quotité des avances de solde et de traitement de table. *(Avances de solde et de traitement de table (article 182).)*

La seule modification apportée à la quotité des avances de solde que reçoivent actuellement les officiers, fonctionnaires ou agents allant servir aux colonies consiste dans la réduction que subiront les avances à payer aux officiers ou autres embarqués sur des bâtiments se rendant à leur destination en passant par le canal de Suez. *(Avances à payer aux officiers, fonctionnaires et agents allant servir aux colonies, ou passant d'une colonie dans une autre colonie (art. 183).)*

Quant à la quotité des avances de solde à payer aux officiers, fonctionnaires et agents appelés à se rendre d'une colonie dans une autre, il a paru préférable de laisser aux gouverneurs et commandants de colonies, le soin de déterminer le chiffre de ces avances à raison de la durée présumée de la traversée.

En ce qui concerne les officiers ou autres qui, après un congé passé en France, retournent dans la colonie d'où ils provenaient, ils ne peuvent prétendre à des avances de solde à moins que ces avances ne leur soient accordées, à titre exceptionnel, par décision spéciale du Ministre rendue sur un rapport motivé.

L'arrêté du 30 avril 1848 qui détermine la quotité des frais de passage à payer aux officiers généraux et autres pourvus d'un commandement à la mer pour les passagers admis à leur table ainsi qu'aux tables des bâtiments pour les passagers qu'elles reçoivent a subi de nombreuses modifications depuis la promulgation de l'arrêté précité. Le décret consacre les dispositions en vigueur sous la réserve du changement apporté à la réglementation en ce qui concerne la quotité des avances à payer suivant la destination des passagers. Le taux des avances a été basé sur la durée des traversées des bâtiments à vapeur avec augmentation du tiers toutes les fois que le tarif est applicable à des bâtiments à voiles. Une distinction a été établie *(Frais de passage (article 192 et suivants).)*

également entre les bâtiments qui doublent les caps et ceux qui transitent par le canal de Suez pour se rendre à destination.

Comme toutes les dispositions contenues dans les réglements du 19 juillet 1848, concernant les frais de bureau, et le chauffage, le réglement de même date relatif à l'indemnité pour effets d'habillement à divers agents, a trouvé place dans le nouveau décret sous la réserve des modifications qu'il a subies, depuis sa mise à exécution et de son application au personnel de surveillance des prisons maritimes dont la création est récente.

L'article 204 consacre les prescriptions de la circulaire du 14 juin 1873 (*Bull. offi.*, p. 850), qui dispose que les officiers autorisés à seconder des entreprises industrielles, subissent sur la totalité des allocations qui leur sont accordées par l'industrie privée la retenue de 3 % dévolue à la caisse des invalides de la marine.

En ce qui touche les magistrats et autres du service colonial qui ont une parité d'office dans le service métropolitain, il a paru équitable de leur faire subir la retenue fixée par la loi du 9 juin 1853 sur les pensions civiles, afin de les traiter de la même manière que les magistrats de l'ordre judiciaire en France ou que les fonctionnaires auxquels ils sont assimilés, puisque leur parité d'office sert de base pour la fixation de leur pension de retraite dont le réglement est soumis aux dispositions de la loi précitée.

Quant aux retenues de congé dont le montant est versé aux termes des réglements à la caisse des invalides de la marine, il convient de remarquer que ces retenues, pour le personnel des colonies, ne porte que sur la solde ou le traitement d'Europe, attendu que, dans certains cas et notamment en ce qui concerne les agents dont le traitement est payé sur les fonds des budgets locaux des colonies, le supplément colonial sert à rétribuer des agents auxiliaires qui sont nommés pour remplacer les titulaires envoyés en congé avec tout ou partie de leur traitement.

Les dispositions en vigueur qui fixent uniformément au cinquième de la solde brute, la quotité des retenues à exercer au profit des tiers par suite de saisies-arrêts ou oppositions étant en désaccord formel avec la loi du 21 ventôse an IX, en ce qui concerne les fonctionnaires et employés civils, l'art. 208

du nouveau décret reproduit les prescriptions de ladite loi pour la catégorie des fonctionnaires et agents auxquels elle est applicable. La quotité des retenues de l'espèce a donc été fixée au cinquième sur les premiers mille francs et toutes les sommes au-dessous ; au quart sur les cinq mille francs suivants, et au tiers sur la portion excédant six mille francs à quelque somme qu'elle s'élève.

La reprise des dettes signalées à l'article des officiers, aspirants, fonctionnaires ou agents était différée jusqu'au moment où le fonctionnaire chargé d'assurer le paiement de la solde de l'officier ou autre, était prévenu officiellement du chiffre de la dette par un avis établi sur l'imprimé spécial au département de la marine. Il a paru préférable, dans l'intérêt du trésor public, d'assurer la reprise de ces dettes dans le plus bref délai possible. Pour atteindre ce but, l'article prescrit de retenir de suite les dettes ressortant de l'arrêté des livrets de solde ou des situations financières lorsque le titulaire ne conteste pas la légitimité de la dette. Dans le cas contraire, le fonctionnaire chargé d'assurer le paiement de la solde surseoit momentanément à toute retenue et provoque des explications de la part de l'administration du port ou de la colonie qui assurait le paiement de la solde du débiteur.

Avis de dettes (art. 209).

Jusqu'à ce jour, les officiers, aspirants, fonctionnaires ou agents qui avaient des réclamations à formuler pour solde, accessoires de solde, traitement de solde, etc., pouvaient s'adresser directement au Ministre lorsque le commissaire aux revues et aux armements, suivant le cas, et le commissaire général de la marine n'avaient pas accueilli leur demande. A l'avenir et par analogie avec les prescriptions de l'article 46 du décret du 20 mai 1868, sur le service à bord des bâtiments de l'État, les officiers ou autres, devront employer la voie hiérarchique pour faire parvenir leurs réclamations au Ministre.

Réclamations adressées au Ministre (art. 211).

La responsabilité des officiers du commissariat, et les conditions dans lesquelles doit s'effectuer leur recours contre les parties prenantes n'étaient pas nettement définies ; l'art. 212 du décret a comblé cette lacune.

Responsabilité des officiers du commissariat (art. 212).

Les tarifs de solde et d'accessoires de solde actuellement en vigueur, ont été réimprimés et placés à la suite du décret, après avoir subi les changements nécessaires pour les mettre en harmonie avec le texte. Cette publication n'a pas le caractère d'une

Tarifs. — Réimpression des tarifs.

consécration de ces tarifs qui contiennent de regrettables disparates dans la fixation de la solde de certains corps et qui, sous ce rapport, devront être révisés dès que la situation budgétaire le permettra. Il ne s'agit donc que d'en faciliter l'application au moyen d'une forme plus pratique que celle qui a été adoptée à Bordeaux, en 1871, à titre provisoire. Il ne vous échappera pas, en effet, que les nouveaux tarifs faciliteront les recherches, attendu que chaque tableau présente les allocations attribuées à un même corps. Ces tarifs donnent, en même temps, la décomposition de la solde et des accessoires de solde par mois et par jour, ce qui n'existait pas dans ceux qui ont été publiés à Bordeaux.

Traitement de table des aspirants.

La modification la plus importante apportée aux tarifs en vigueur est celle qui consiste dans l'augmentation du traitement de table des aspirants. Les nouvelles fixations et les dispositions arrêtées pour la composition de la table de ces jeunes gens, leur permettront de vivre convenablement et de satisfaire aux obligations que leur impose la constitution d'une table spéciale.

Solde coloniale des officiers de marine.

Dans certains cas déterminés par le décret, la solde coloniale remplacera pour les officiers de marine la solde à la mer qu'ils reçoivent actuellement. Cette mesure prise en vue de faire cesser les embarquements fictifs présente des avantages trop réels pour qu'il soit nécessaire d'insister à cet égard.

Solde à la mer et solde d'état-major général des Capitaines de vaisseau et assimilés.

Toutes les soldes annuelles tant à terre qu'à la mer représentent des chiffres ronds ; il n'existait d'exception à cette règle que pour la solde à la mer et la solde d'état-major général des capitaines de vaisseau et assimilés. Les tarifs actuels ont fait cesser cet état de choses ; mais il n'a pas été possible d'appliquer la même mesure à la solde coloniale et à la solde en Algérie de certains grades, parce que le supplément à ajouter à la solde de grade actuelle pour former la solde coloniale ou la solde en Algérie est proportionnel, suivant le cas, au double, aux trois-quarts, à la moitié ou au tiers de l'ancienne solde de grade.

Solde à la mer et solde de non-activité des Commissaires généraux.

Un *nota* inséré en marge du tableau n° 10 des tarifs de Bordeaux indiquait que la solde de non-activité des corps naviguants est basée sur la solde à la mer, mais il n'avait pas été tenu compte de cette disposition dans l'établissement de la solde de non-activité des commissaires généraux. D'un autre côté, les commissaires généraux pouvant être embarqués en qualité de commissaire général d'armée navale, il y avait lieu de combler la lacune qui existait à cet égard dans les tarifs de 1871. L'erreur et l'omission qui viennent d'être signalées ont été réparées dans les tarifs nouveaux.

La mesure appliquée à la solde de non activité des commissaires généraux a été étendue aux inspecteurs en chef, aux directeurs des constructions navales, aux directeurs et inspecteurs-adjoints du service de santé de la marine, ainsi qu'à l'aumônier en chef qui, bien que n'étant plus appelés à naviguer dans le grade dont ils sont actuellement pourvus, n'en n'appartiennent pas moins à des corps naviguants ou, comme les inspecteurs en chef, proviennent de l'un de ces corps. Cette mesure ne fait que confirmer les dispositions que consacre le *nota* inséré en marge du tableau n° 10 des tarifs de Bordeaux.

La solde de non-activité des professeurs d'hydrographie étant basée sur la solde à la mer, celle des examinateurs d'hydrographie qui sont choisis parmi les professeurs de 1re classe a été calculée sur le même pied.

Les nouveaux tarifs reproduisent les prescriptions de la circulaire ministérielle du 31 août 1874, qui détermine les suppléments variables suivant le rang du bâtiment en prenant pour base la force numérique de l'équipage et non la désignation du bâtiment.

Les tarifs accordent aux professeurs d'hydrographie qui sont embarqués sur le *Borda*, le supplément annuel de 800 francs que reçoivent actuellement les lieutenants de vaisseau chargés de faire des cours à l'École navale.

Telles sont les explications que j'ai cru nécessaire de vous donner sur les dispositions principales qui ont été introduites dans le décret qui fait l'objet de la présente circulaire.

Il ne me reste plus qu'à appeler votre attention sur l'intérêt qui s'attache à ce que le règlement sur la solde soit interprété partout d'une manière uniforme. A cet effet, lorsqu'en matière de solde, d'accessoires de solde ou de traitement de table, il existe un doute, soit sur l'interprétation à donner aux prescriptions réglementaires, soit sur l'application des tarifs, je désire qu'il m'en soit référé immédiatement, car c'est au Ministre qu'il appartient de statuer dans l'espèce.

Il ne doit être fait d'exception à ce principe, que dans les circonstances où les nécessités du service ne permettent pas, faute de temps, de consulter le Ministre, et alors il est indispensable de l'informer sans délai de la décision prise par l'autorité locale.

Je compte, Messieurs, sur votre zèle éclairé et sur votre expérience du service pour assurer chacun, dans la limite de vos attributions administratives, la mise à exécution du décret sur la solde.

Le Ministre de la marine et des colonies,
Signé MONTAIGNAC.

DÉCRET portant règlement sur la solde et les accessoires de solde des officiers, aspirants, fonctionnaires et divers agents du département de la marine et des colonies.

(Du 1er juin 1875.)

TITRE PREMIER

Solde.

—

CHAPITRE PREMIER

Dispositions générales.

ARTICLE PREMIER.

On distingue quatre espèces de solde.
La solde d'activité.
La solde du cadre de réserve.
La solde de non-activité.
La solde de réforme.

Désignation des différentes espèces de solde.

ART. 2.

La solde d'activité se divise en solde de présence et en solde d'absence.

Solde d'activité.

ART. 3.

La solde de présence se subdivise de la manière suivante :
Solde à la mer.
Solde à terre.
Solde coloniale.
Solde en Algérie.
La solde à la mer se subdivise elle-même en **deux** espèces :
Solde à la mer proprement dite.
Solde dite d'état-major général et d'officier en second.

Solde de présence.

ART. 4.

Solde d'absence (A).

La solde d'absence correspond aux positions suivantes :
En congé avec solde entière ou solde réduite.
En jugement ou en détention.
En captivité à l'ennemi.

ART. 5.

Droits à la solde d'activité.

Aucun officier, aspirant (B), fonctionnaire ou agent ne peut jouir d'une solde quelconque d'activité s'il n'est pas en activité de service.

ART. 6.

Entrée en jouissance de la solde d'activité.

Le droit à la solde d'activité commence :

1. Pour les officiers, aspirants et fonctionnaires, nommés par le Président de la République, à compter de la date du décret conférant le grade ou la fonction ou rappelant à l'activité.

2. Pour les officiers, aspirants et assimilés dont l'avancement est soumis aux épreuves d'un concours ou d'un examen à compter du jour où ils prennent rang, conformément aux dispositions particulières qui régissent le corps auquel ils appartiennent.

3. Pour les agents, à compter de la date de l'arrêté de nomination ou d'avancement ou à partir de la date indiquée dans cet arrêté ou dans la commission, sous la réserve de la restriction prévue à l'art. 9 ci-après.

4. Pour les fonctionnaires provenant des autres départements ministériels, à compter du jour où ils ont cessé d'être payés sur les fonds de ces départements.

5. Pour les officiers et agents auxiliaires du service métropolitain, à compter du jour de leur embarquement ou de leur mise en subsistance à bord d'un bâtiment.

6. Pour les officiers et agents auxiliaires du service colonial partant de France, à compter du jour de leur arrivée au port

(A) La position de permission ne doit pas être considérée comme une position d'absence.

(B) Sous la dénomination d'aspirants, on comprend dans ce décret, non seulement les aspirants proprement dits, mais encore les fonctionnaires militaires qui leur sont assimilés (aides-médecins, élèves commissaires, etc.).

d'embarquement et pour ceux nommés dans les colonies, à compter du jour de leur entrée en fonction.

7. En cas d'augmentation de solde, les officiers et agents auxiliaires des deux services reçoivent la nouvelle solde à compter du jour fixé par la décision.

8. Pour les agents qui doivent prêter serment, à partir du jour de leur entrée en fonction, et, en cas d'augmentation de solde, à compter du jour fixé par la décision.

ART. 7.

Les droits à la solde d'activité cessent :

1. Pour les officiers généraux passant dans le cadre de réserve et pour les officiers et aspirants passant de la non-activité à la réforme, à compter du lendemain du jour de la notification qui est faite à l'officier du décret ou de la décision prononçant la mise en non-activité ou en réforme ou le passage dans le cadre de réserve.

2. Pour les officiers, aspirants, fonctionnaires et agents démissionnaires à compter du lendemain du jour où l'acceptation de leur démission leur est notifiée.

3. Pour les agents divers lorsqu'ils sont licenciés, à compter du lendemain du jour où leur est notifiée la décision prononçant leur licenciement.

4. Pour les officiers et agents auxiliaires, à compter du jour de la cessation de leurs fonctions, ou s'ils sont en cours de campagne, à compter du jour de leur débarquement en France à moins qu'ils ne quittent le service par suite de démission ou de licenciement par mesure disciplinaire. Dans ces deux cas, ils sont traités conformément aux dispositions des § 2 et 3 du présent article.

5. Pour ceux qui sont aux colonies, les droits à la solde d'activité cessent le jour où ils quittent leurs fonctions s'ils ont été nommés dans la colonie, et le jour du débarquement en France ou dans la colonie d'origine s'ils ont été envoyés d'Europe ou d'une autre colonie. Les dispositions des § 2 et 3 du présent article leur sont également applicables.

6. Pour les officiers et agents admis à la retraite, à compter du jour de la cessation de leurs fonctions, comme il est dit à l'art. 11 ci-après.

7. Pour les fonctionnaires et agents des autres départements

Cessation des droits à la
solde d'activité.

3

ministériels, à compter du jour où ils quittent le service s'ils sont en France et à compter du jour de leur débarquement s'ils proviennent du service colonial, mais sous la réserve pour les uns et les autres de l'application des dispositions prévues par le présent décret sous le titre des congés (art. 45).

8. Si l'officier, aspirant, fonctionnaire ou agent mis en réforme, en non-activité, démissionnaire ou licencié est absent de son poste ou si par sa faute le service dont il dépend n'a pas retrouvé sa trace, il cesse d'avoir droit à la solde d'activité, à compter du lendemain du jour où la notification de la mesure qui le concerne est parvenue à l'autorité sous les ordres de laquelle il était placé.

ART. 8.

Officiers et agents auxiliaires.

1. Aucune solde ne peut être allouée aux officiers et agents auxiliaires, s'ils ne sont en service effectif dans les colonies, en expectative d'embarquement pour suivre une destination ou présents à bord d'un bâtiment, sauf les exceptions prévues par les articles 41 et 63 ci-après.

2. Les officiers et agents auxiliaires sont considérés comme accomplissant un service effectif lorsqu'ils sont embarqués pour se rendre aux colonies ou rentrer en France, à quelque titre que ce soit, sauf le cas de démission ou de licenciement par mesure de discipline.

3. Les officiers et agents auxiliaires qui, pour le service, sont dirigés en France d'un port sur un autre, reçoivent la solde de présence pendant le délai qui leur est accordé pour la route qu'ils ont à parcourir. Ces officiers et agents sont rattachés pour la solde en route au rôle du bâtiment sur lequel ils sont destinés à être embarqués.

ART. 9.

La solde ne peut être allouée, en principe, pour un temps antérieur à la nomination à un grade ou à un emploi. Cas de rétroactivité.

La solde attribuée à un grade ou à un emploi ne peut être allouée pour un temps antérieur à la date du décret ou de la décision portant nomination ou avancement sauf le cas prévu par le § 3 de l'art. 6 ci-dessus. Cette disposition ne s'applique pas aux avancements en classe qui ne constituent pas un grade et s'acquièrent à l'ancienneté.

Art. 10.

1. L'officier, aspirant, fonctionnaire ou agent, appelé à remplir temporairement des fonctions attribuées à un grade ou à un emploi supérieur au sien n'a droit qu'à la solde du grade ou de l'emploi dont il est titulaire.

Officier ou autre remplissant les fonctions d'un grade ou d'un emploi supérieur à celui dont il est titulaire.

2. Toutefois, les fonctionnaires appelés à remplir, par intérim, les emplois de Gouverneur ou de Commandant de colonie cessent de recevoir le traitement attaché à leur grade ou emploi et reçoivent les deux tiers du traitement affecté au titulaire de la fonction.

3. Ceux qui remplissent, par intérim, les emplois de Commandant particulier, chef du service dans l'Inde, Commandant militaire, ordonnateur ou chef de service administratif, directeur de l'intérieur, procureur général ou chef du service judiciaire, reçoivent, pendant la durée de leur intérim, un traitement composé :

1º d'une somme égale au montant des allocations de toute nature de l'emploi dont ils sont titulaires ;

2º De moitié de la différence entre le total de ces allocations et le traitement attribué à l'emploi exercé par intérim.

4. Ces dispositions ne sont pas applicables aux fonctionnaires envoyés de France ou d'une autre colonie pour faire un intérim ; ceux-ci reçoivent la totalité du traitement dévolu au titulaire.

Art. 11.

1. Les officiers, aspirants, fonctionnaires ou agents présents en France sont rayés des contrôles à compter du lendemain de la notification de leur admission à faire valoir leurs droits à la retraite. La jouissance de leur pension court à partir de la même date.

Officier ou autre admis à faire valoir ses droits à la retraite.

2. Toutefois, lorsqu'il y a lieu, le Ministre, par décision spéciale, peut les maintenir en service pendant un délai qui n'excède pas trois mois.

En attendant qu'ils soient mis en possession de leur brevet de pension de retraite, les officiers, aspirants, fonctionnaires ou agents maintenus en activité continuent à recevoir, par mois et à terme échu, la solde et les accessoires de solde de leur grade suivant la position qu'ils occupent.

Les officiers ou autres admis à la retraite et qui n'ont pas été maintenus en service peuvent recevoir, sur leur demande, en attendant la remise de leur brevet de pension, une allocation temporaire égale au minimum de la pension de retraite de leur grade et imputable sur les crédits du budget, au titre du corps auquel ils appartenaient.

Cette allocation qui est payable par mois et à terme échu comme la solde, leur est précomptée sur les premiers arrérages de leur pension de retraite.

ART. 12.

Solde due aux officiers et autres décédés.

La solde due aux officiers, aspirants, fonctionnaires ou agents décédés, est acquise jusqu'au jour inclus du décès, à leurs héritiers ou ayants droit, sous la déduction des reprises dont cette solde peut être passible en vertu des règlements.

ART. 13.

La quotité des allocations de toute nature est déterminée par les tarifs.

Les diverses allocations qui composent le traitement de grade ou d'emploi sont déterminées d'après les tarifs annexés au présent décret.

ART. 14.

Mode de paiement de la solde.

1. La solde des officiers, aspirants, fonctionnaires ou agents présents à terre se paie par mois et à terme échu, excepté dans le cas de changement de destination.

2. Les suppléments de solde, les indemnités de représentation et de logement, les frais de bureau, les frais de tournées et les autres accessoires de solde inhérents aux positions respectives des officiers ou autres en activité de service à terre sont également payés dans les mêmes conditions, et compris sur les mêmes mandats ou états de paiement que la solde.

3. Tout paiement d'avances est formellement interdit, hors les cas déterminés par les art. 182, 183, 184 et 185 ci-après.

4. Le paiement de la solde et des accessoires de la solde pour les officiers, aspirants ou agents embarqués est soumis à des règles spéciales.

ART. 15.

Mode de décompter la solde.

1. La solde et les accessoires de la solde se décomptent par mois, à raison de la douzième partie de la fixation annuelle, et

par jour, à raison de la trentième partie de la fixation mensuelle.

2. Les journées à ajouter au mois de février pour compléter le nombre trente se décomptent sur le pied de la solde fixée pour la position dans laquelle se trouve l'officier ou agent au dernier jour de ce mois.

ART. 16.

La solde d'activité ou de non activité ne peut être cumulée avec un traitement quelconque à la charge de l'Etat ou des communes, sauf dans les cas prévu par les art. 65 à 67 et 270 à 275 du décret du 31 mai 1862 portant règlement général sur la comptabilité publique (A) et par la loi du 16 février 1872

Cas où le cumul de la solde avec un traitement d'activité est autorisé.

(A) Décret du 31 mai 1862, *art. 65*. Il est interdit de cumuler en entier le traitement de plusieurs places, emplois ou commissions ; en cas de cumul de deux traitements, le moindre est réduit à moitié, en cas de cumul de trois traitements, le troisième est, en outre, réduit au quart, et ainsi de suite en observant cette proportion.

La réduction portée par le présent article n'a pas lieu pour les traitements cumulés qui sont au dessous de 3000 francs, ni pour les traitements plus élevés qui en ont été exceptés par les lois (1).

Art. 66. — Les professeurs, les gens de lettres, les savants et les artistes peuvent, sans qu'il leur soit fait application de la règle ci-dessus, remplir plusieurs fonctions et occuper plusieurs chaires rétribuées sur les fonds du Trésor public.

Néanmoins, le montant des traitements, tant fixes qu'éventuels, ne peut dépasser 20,000 francs (2).

Art. 67. — Ne sont pas soumis aux dispositions prohibitives du cumul de traitement, ceux des maréchaux et des amiraux, les dotations allouées aux sénateurs, les traitements de la légion d'honneur, les rentes viagères attribuées à la médaille militaire, les pensions de retraite pour services militaires, les pensions de donataires et celles qui sont accordées à titre de récompense nationale (3).

Art. 270. — Le cumul de deux pensions est autorisé dans la limite de 6000 francs, pourvu qu'il n'y ait pas double emploi dans les années de service présentées par la liquidation.

---

(1) Loi du 28 avril 1816, art. 78.
(2) Loi du 8 juillet 1852, art. 28.
(3) Loi du 26 juillet 1821, art. 6 et lois diverses concernant les pensions accordées à titre de récompense nationale (décret du 24 mars 1852).

qui règle, au point de vue de l'indemnité, la situation des fonctionnaires nommés députés à l'Assemblée nationale (A).

La disposition qui précède n'est pas applicable aux pensions que des lois spéciales ont affranchi des prohibitions du cumul (1).

Art. 271. — Les pensions de retraite pour services militaires peuvent se cumuler avec un traitement civil d'activité, excepté le cas où des services civils ont été admis comme complément du droit à ces pensions (2).

Les pensions militaires de réforme sont, dans tous les cas, cumulables avec un traitement civil d'activité (3).

Art. 272. — Les pensions des vicaires généraux, chanoines et celles des curés de canton septuagénaires peuvent se cumuler avec un traitement d'activité, jusqu'à concurrence de 2,500 francs.

Les pensions des académiciens et hommes de lettres attachés à l'instruction publique, à la bibliothèque impériale, à l'Observatoire ou au bureau des longitudes peuvent, quand elles n'excèdent pas 2,000 francs (et jusqu'à concurrence de cette somme, si elles l'excèdent) se cumuler avec un traitement d'activité, pourvu que la pension et le traitement ne s'élèvent pas ensemble à plus de 6000 francs (4).

Art. 273. — Le titulaire de deux pensions, l'une sur le Trésor, l'autre sur les anciennes caisses de retenues des Ministères et administrations, peut en jouir indistinctement, pourvu qu'elles ne se rapportent ni aux mêmes temps ni aux mêmes services (5).

Art. 274. — Ne sont pas soumis aux dispositions prohibitives du cumul des pensions les dotations de sénateur, les pensions à titre de récompense nationale, les pensions accordées aux anciens donataires et à leurs veuves, les traitements de la légion d'honneur et les rentes viagères attribuées aux médaillés militaires (6).

Art. 275. — Toute autre exception aux lois prohibitives du cumul est autorisée par une disposition spéciale de la loi.

(A) Loi du 16 février 1872.

Art. 1er. — Les fonctionnaires de tout ordre élus députés à l'Assemblée nationale et les membres de cette Assemblée auxquels des fonctions publiques rétribuées ont été conférées depuis leur élection, touchent, comme les autres représentants, l'indemnité législative établie, avec interdiction du cumul par le décret du 29 janvier 1871.

Art. 2. — Si le chiffre de l'indemnité est supérieur à celui du traite-

---

(1) Loi du 9 juin 1853, art. 31.
(2) Lois des 25 mars 1817, art. 27 et 11 avril 1831, art. 4 et 27.
(3) Loi du 19 mai 1834.
(4) Loi du 15 mai 1818, art. 12.
(5) Ordonnance du 8 juillet 1818.
(6) Loi du 26 juillet 1821, art. 6 décret du 24 mars 1852.

Art. 17.

1. Les officiers, aspirants, fonctionnaires ou agents doivent être pourvus de livrets destinés à constater leur situation financière chaque fois qu'ils changent de position. Ces livrets sont délivrés, suivant le cas, par le commissaire aux revues ou aux armements, ou par les trésoriers des divisions ou des bâtiments qui doivent y mentionner les mutations, les congés, permissions ou délais de route, les allocations de solde et d'accessoires de solde, les délégations, le traitement de table, les paiements effectués à quelque titre que ce soit (solde ou frais de route); enfin les dettes à l'État et apostilles de toute nature.

Lorsqu'un officier ou autre débarqué d'un bâtiment s'éloigne du port sans avoir été affecté à un service à terre c'est au commissaire aux revues qu'il appartient de consigner sur le livret s'il a ou non, effectué un paiement de solde à terre ou de frais de route à l'intéressé.

2. Les livrets sont renouvelés lorsqu'ils sont entièrement

Livret de solde.

ment du fonctionnaire, ce traitement est ordonnancé en totalité au profit du Trésor, pendant la durée du mandat législatif.

Art. 3. — Si le chiffre du traitement est supérieur à celui de l'indemnité, le fonctionnaire député ne touche, pendant la même période, que la portion de son traitement net excédant la dite indemnité.

Art. 4. — Dans les cas prévus par les art. 2 et 3, les droits du fonctionnaire à une pension de retraite continueront à courir comme s'il jouissait sans interruption de la totalité de son traitement.

Art. 5. — Les traitements dont il est question aux art. 2 et 3, comprennent pour tous les fonctionnaires civils et militaires l'ensemble des traitements et suppléments de toute nature assujettis à la retenue au profit du Trésor, et alloués par les règlements à la position d'activité, sauf les indemnités de représentation et les frais de bureau.

Art. 6. — Sont exceptés des dispositions des mêmes articles, les pensions de retraite civiles et militaires, le traitement des officiers généraux admis dans le cadre de réserve, la solde ou pension des officiers mis en réforme, les traitements afférents aux décorations de la légion d'honneur, les rentes viagères attribuées aux médaillés militaires, les pensions allouées à titre de récompense nationale.

Art. 7. — Ne sont soumises à aucune répétition les sommes perçues jusqu'à la promulgation de la présente loi en vertu de l'arrêté du 6 août 1871, par les officiers membres de l'Assemblée nationale.

remplis. Il est interdit d'y ajouter des feuillets supplémentaires. Les officiers et autres conservent leurs anciens livrets. Mention de la délivrance d'un nouveau livret est faite sur l'ancien par le fonctionnaire qui opère le renouvellement.

3. En cas de perte d'un livret, le titulaire en fait la déclaration par écrit au fonctionnaire chargé de pourvoir au paiement de sa solde. Il mentionne, en même temps, dans sa déclaration, la date à laquelle il a cessé d'être payé, ainsi que toutes les indications propres à faire apprécier sa position financière.

La déclaration de l'officier est reproduite *in extenso* sur le nouveau livret par le fonctionnaire qui le délivre.

Dans le cas prévu ci-dessus, l'officier, fonctionnaire ou agent, ne peut être rappelé de sa solde arriérée, qu'après réception des pièces officielles établissant sa situation financière : il ne peut prétendre jusque-là qu'au paiement de sa solde courante, à partir du premier jour du mois dans lequel sa déclaration a été faite.

CHAPITRE II

Solde d'activité

SECTION I. — SOLDE DE PRÉSENCE

§ 1er *Dispositions générales*

ART. 18.

Positions générales donnant droit à la solde de présence.

La solde de présence est allouée aux officiers, aspirants, fonctionnaires ou agents qui se trouvent dans les positions ci-après :

Présents à leur poste ou faisant route pour s'y rendre.

En mission ou momentanément détachés par ordre.

§ 2. *Solde de présence à la mer.*

ART. 19.

Positions donnant droit à la solde de présence à la mer.

La solde à la mer proprement dite déterminée par les tarifs annexés au présent décret est allouée :

1° Aux officiers des divers corps de la marine embarqués par suite d'une destination active à la mer sur les bâtiments de l'État armés, en armement ou placés dans la 1re catégorie de la réserve ;

2° Aux officiers des mêmes corps détachés des bâtiments de l'État pour remplir une mission ou un service hors du bord ;

3° Aux mêmes officiers embarqués par ordre supérieur, comme passagers, à bord d'un bâtiment de l'État ou d'un navire du commerce, à moins qu'il ne s'agisse d'officiers, fonctionnaires ou agents du service colonial qui reçoivent dans cette position leur solde d'Europe comme solde de traversée ;

4° A tout officier embarqué au titre du service métropolitain, pour la période de temps qu'il passe à terre lorsqu'il est débarqué outre-mer en expectative d'embarquement sur un autre navire à l'effet de suivre sa destination ;

5° A tout officier du même service rapatrié par suite de naufrage, hors des côtes de France, jusqu'au jour de son débarquement du bâtiment à bord duquel il effectue son retour ;

6° Aux officiers et agents des divers corps de la marine faisant partie de l'équipage d'un bâtiment et qui sont traités à bord des bâtiments de l'État. Ils continuent, en cas de maladie, d'avoir droit, sans interruption, à la solde de présence à bord, sans qu'il soit exercé sur cette solde aucune retenue d'hôpital ;

7° Aux officiers et agents appartenant à l'équipage d'un bâtiment de l'État lorsqu'ils sont admis dans un hôpital à terre aux colonies ou à l'étranger. Ils conservent la solde de présence à la mer, sous la déduction de la retenue d'hôpital.

Le rappel de cette solde leur est fait, au titre de leur bâtiment, s'ils le rejoignent à leur sortie de l'hôpital ou s'ils sont embarqués sur un navire du commerce. Dans le cas contraire, ils sont rappelés de leur solde depuis le jour de leur entrée à l'hôpital au compte du premier bâtiment de l'État sur lequel ils sont embarqués.

Ils conservent également la solde à la mer lorsqu'ayant été admis à l'hôpital en France, ils rejoignent leur bâtiment à leur sortie de l'hôpital. Dans le cas contraire, ils sont débarqués du jour de leur entrée à l'hôpital et n'ont droit, par suite, qu'à la solde à terre.

8° La solde à la mer est également allouée aux officiers de marine de tout grade en service près du Président de la République, du Ministre de la marine, des Amiraux et des Vice-Amiraux commandant en chef, préfets maritimes.

Art. 20.

1. Les officiers de marine et les aspirants attachés aux États-majors généraux des armées, escadres ou divisions navales ou

Positions donnant droit à la solde d'état-major général ou d'officier en second.

employés comme capitaines de pavillon ou comme seconds sur les bâtiments de l'État, reçoivent, pour la durée effective de leurs fonctions à bord, en ces qualités une solde spéciale dite d'état-major général ou d'officier en second déterminée par les tarifs annexés au présent décret.

2. Lorsque les titulaires se trouvent momentanément absents du bord à raison de mission, de permission d'absence ou d'entrée à l'hôpital à terre, ils conservent la solde d'État-major général ou d'officier en second s'ils n'ont pas été remplacés dans leurs fonctions. En cas de remplacement, cette même solde est allouée aux officiers qui les suppléent par ordre, mais elle est décomptée seulement sur le taux accordé pour le grade dont l'intérimaire est réellement pourvu. Dans ce cas, les titulaires ne conservent que la solde à la mer proprement dite.

3. Les officiers de marine en service près du Président de la République, du Ministre de la marine ou des amiraux, reçoivent également la solde dite d'état-major général lorsqu'ils sont envoyés en mission à la mer, mais cette concession est limitée à une période de trois mois.

4. L'officier en second d'un bâtiment présent sur une rade ou dans un port de France conserve la solde spéciale attribuée à cette fonction, lorsque le commandant est absent du bord en vertu d'une permission ou par suite de son entrée à l'hôpital.

5. Si le bâtiment prend la mer pendant l'absence du commandant titulaire ou si cet officier obtient un congé, l'officier en second est investi du commandement provisoire et reçoit les allocations attribuées à cette position. Dans ce cas, la solde d'officier en second est dévolue à l'officier le plus élevé en grade ou à l'officier le plus ancien qui le remplace dans ces fonctions.

ART. 21.

Officiers supérieurs du commissariat, du service de santé ou du génie maritime, attachés aux états-majors généraux.

1. Les officiers supérieurs du commissariat, du service de santé et du génie maritime, embarqués en vertu d'une Commission spéciale du Ministre, pour exercer les fonctions de commissaire, de médecin en chef ou de médecin principal d'armée, d'escadre ou de division ou celles d'ingénieur d'armée ou d'escadre reçoivent la solde d'état-major général, mais seulement pendant la durée effective de leurs fonctions.

2. Cette même solde est allouée aux officiers du commissariat attachés à un état-major général.

3. Les dispositions du 2ᵉ § de l'art. 20 précédent, sont applicables à ces emplois.

ART. 22. -

1. Les officiers du commissariat, du service de santé et du génie maritime, membres de l'état-major d'un bâtiment et pourvus, en conformité des art. 605, 638 et 652 du décret du 20 mai 1868, d'une commission de sous-commissaire, de médecin de division ou de sous-ingénieur ont droit à la solde d'état-major général.

2. Les dispositions du 2ᵉ § de l'art. 20 sont applicables à ces emplois.

ART. 23.

1. Les officiers de marine auxiliaires et les officiers de santé auxiliaires, autres que ceux du service colonial reçoivent, lorsqu'ils sont embarqués, la solde et les accessoires de la solde sur le même pied que les officiers entretenus de ces corps, dans les limites de durée déterminées par l'art. 8.

2. Toute personne étrangère à la marine employée exceptionnellement, en vertu des dispositions du § 4 de l'art. 58 du décret du 20 mai 1868 (A), comme secrétaire d'un officier général reçoit une solde spéciale déterminée par le tarif n° 8, annexé au présent décret.

ART. 24.

1. En cas de disparition d'un bâtiment en mer, le droit à l'allocation de la solde pour les officiers, aspirants, fonctionnaires et agents présents à bord à la date des dernières nouvelles, est arrêté au terme de deux mois, à compter de cette date, sans préjudice des dispositions de l'art. 72 concernant les délégations (B).

2. La présomption de perte est établie par décision du Ministre de la marine, rendue, à raison des voyages, au terme des dé-

(A) Art. 58 § 4, du décret du 20 mai 1868. Les officiers généraux, commandant en chef ou en sous-ordre choisissent pour secrétaire un lieutenant de vaisseau. Ils peuvent, toutefois, avec l'autorisation particulière du Ministre, prendre en cas de mission spéciale, pour secrétaire, soit un officier des autres corps de la marine, soit une personne étrangère au département. Cette personne est admise à la table de l'état-major.

(B) Les sommes dues aux officiers, aspirants, fonctionnaires ou agents présents à bord, à la date des dernières nouvelles sont versées à la caisse des gens

lais ci-après déterminés, à compter de la date des dernières nouvelles ; savoir :

Trois mois, pour les bâtiments destinés à naviguer dans les mers d'Europe ;

Six mois pour les bâtiments destinés à naviguer dans l'Océan-Atlantique,

Un an, pour les bâtiments destinés à naviguer au-delà du cap Horn, ou du cap de Bonne-Espérance, ou dans les mers polaires du Nord et du Sud.

§ 3. — *Solde de présence à terre en Europe.*

ART. 25.

La solde de présence à terre en Europe, est allouée aux officiers, aspirants, fonctionnaires et agents présents à terre, dans les positions prévues par les art. 18, 28, 29 et 30 du présent décret.

ART. 26.

1. La solde de présence à terre est allouée aux vice-amiraux et contre-amiraux, quelle que soit leur situation à terre, sauf les cas prévus à l'art. 19 (position 8), et à l'art. 20 (§ 3), du présent décret.

2. Elle est également allouée aux officiers et agents des divers corps de la marine embarqués sur les bâtiments de la 2° et de la 3° catégorie de la réserve, ainsi que sur le bâtiment central.

3. Une solde spéciale équivalente à la solde à la mer, est allouée aux officiers des divers corps de la marine, en service près du Président de la République, du Ministre de la marine, des Amiraux et des Vice-Amiraux commandant en chef, préfets maritimes.

4. Les capitaines de vaisseau et les capitaines de frégate autorisés à résider temporairement hors des ports ont droit à la solde de présence à terre.

de mer. Elles peuvent être payées sur la production des procurations consenties par les intéressés, mais seulement jusqu'au jour où la présomption de perte a été établie (Dépêche du 5 janvier 1863. Invalides). A partir de ce moment, il n'est effectué de paiement que sur preuve administrative de décès, et le département de la marine provoque, auprès du département de la justice, la régularisation d'office de l'état civil des naufragés, pour lesquels des actes de décès ne peuvent être établis en temps utile. Les jugements déclaratifs du décès sont envoyés aux Maires des communes intéressées. Dépêches des 3 mai 1866, 29 mars 1867 et 8 janvier 1870. (Equipages de la flotte).

5. Les vacances accordées aux membres du Conseil d'amirauté et du Conseil des travaux, ainsi qu'à d'autres officiers ou fonctionnaires lorsque leur emploi le comporte, sont considérées comme une position de présence. Pendant la durée de ces vacances l'officier ou fonctionnaire conserve la totalité des allocations attribuées à sa fonction.

Art 27.

1. A droit à la solde de présence affectée à la position dans laquelle il se trouvait en dernier lieu, tout officier, aspirant, fonctionnaire et agent absent de son poste , soit pour siéger comme membre d'un conseil général de département, d'un conseil de guerre ou d'enquête, soit pour déposer devant un tribunal civil, maritime ou militaire, siégeant hors du lieu de sa résidence.

Officiers, fonctionnaires et agents membres des Conseils généraux et des tribunaux ou appelés en témoignage.

2. La durée de la mission est constatée, suivant le cas, par un certificat du Préfet du département ou du Président du tribunal ou de la commission.

3. Les officiers, aspirants, fonctionnaires et agents cités en témoignage, sont rappelés de leur solde à leur retour, sur la production d'un certificat du Président du tribunal, constatant le jour où leur présence a cessé d'être nécessaire.

Art. 28.

L'officier, aspirant, fonctionnaire ou agent qui, étant en congé est appelé à siéger au Conseil général d'un département ou cité en témoignage devant un tribunal civil, maritime ou militaire siégeant hors du lieu de sa résidence, est rappelé de sa solde de présence depuis le jour de son départ dudit lieu jusqu'à celui de sa rentrée dans ses foyers ou à son poste. Si, étant cité dans le lieu de son domicile, il est retenu au-delà du terme de son congé, il a droit au rappel de la solde de présence à dater du lendemain de l'expiration dudit congé.

Officiers ou autres appelés à faire partie d'un Conseil général ou cités devant un tribunal étant en congé.

Ces rappels ont lieu sur la production du certificat exigé par l'art. 27.

Art. 29.

1. L'officier, aspirant, fonctionnaire ou agent qui, étant en congé, reçoit l'ordre de rejoindre son poste, de se rendre à une nouvelle destination, ou de remplir une mission avant l'expira-

Officiers ou autres rappelés avant l'expiration de leur congé.

tion de son congé, recouvre ses droits à la solde de présence à compter du jour de son départ, s'il arrive à sa destination à l'époque fixée par l'ordre qu'il a reçu.

2. L'officier qui, étant en congé, est appelé, par ordre du Ministre, à faire partie momentanément d'une commission, recouvre ses droits à la solde de présence pour la durée de son service dans cette position.

Art. 30.

Officiers ou autres revenant de captivité à l'ennemi.

1. L'officier, aspirant, fonctionnaire ou agent qui revient de captivité à l'ennemi, reçoit la solde d'activité de son grade ou de son emploi à compter du jour de sa rentrée en France, s'il n'a pas été remplacé dans son corps ou à son poste et s'il le rejoint immédiatement.

2. S'il a été mis en non-activité, il reçoit la solde affectée à cette position, également à compter du jour de sa rentrée en France. L'agent qui n'est pas susceptible d'être mis en non-activité reçoit s'il est licencié, une indemnité une fois payée, égale à un mois de sa solde de présence à terre.

Art. 31.

Elèves dirigés sur leur port immédiatement après leur sortie de l'école.

1. Les élèves sortant de l'École polytechnique ou de l'École navale, pour être employés au service de la marine ont droit à la solde de présence du grade qui leur a été conféré ou de l'emploi qu'ils sont destinés à remplir lorsqu'après leur sortie de l'École, ils reçoivent l'ordre de se rendre immédiatement au poste qui leur a été assigné.

2. Ils sont rappelés de ladite solde à compter du jour de leur départ dûment constaté.

3. Dans le cas contraire, ils n'ont droit qu'à la solde de congé ainsi qu'il est dit à l'art. 50 ci-après.

§ 4. *Solde coloniale.*

Art. 32.

Positions donnant droit à la solde coloniale.

1. La solde coloniale est allouée aux officiers, aspirants, fonctionnaires et agents pendant la durée de leur service aux colonies.

2. Les officiers, aspirants, fonctionnaires et agents qui sont envoyés en mission dans la colonie à laquelle ils appartiennent,

dans une autre colonie française ou en pays étrangers hors d'Europe sans cesser d'appartenir au service de la colonie dont ils sont momentanément détachés, continuent d'avoir droit à la solde coloniale cumulativement avec les allocations auxquelles ils peuvent prétendre pour l'accomplissement de leur mission.

3. Le droit à la solde coloniale court du jour du débarquement aux colonies et cesse le jour de l'embarquement pour rentrer en France.

4. Il est fait exception à cette règle, à l'égard des Gouverneurs, commandants de colonie et chefs d'administration. Ces fonctionnaires reçoivent le traitement d'Europe à partir du jour de leur nomination et le traitement de leur emploi à compter du jour de leur entrée en fonction. Lorsqu'ils sont remplacés ils reçoivent, s'ils appartiennent à un corps de la marine, à compter du jour de la remise de leur service, la solde d'Europe de leur emploi ou la solde de leur grade si cette dernière est supérieure à la première. Les Gouverneurs, commandants de colonies et chefs d'administration de l'ordre civil reçoivent dans cette dernière position, une solde spéciale.

5. Il est également fait exception à cette règle à l'égard des évêques qui n'entrent en possession de leur traitement qu'après la publication des bulles relatives à l'institution canonique et à l'égard des vicaires généraux qui ne reçoivent leur traitement qu'à compter du jour où ils sont agréés par le Gouverneur de la colonie.

6. La solde coloniale pour les officiers, fonctionnaires et agents appartenant à l'un des corps de la marine est déterminée par les tarifs annexés au présent décret. Pour les fonctionnaires et agents de l'ordre civil, elle est fixée par décision spéciale du Ministre lorsqu'elle n'a pas été déterminée par des décrets spéciaux.

Art. 33.

1. Les officiers appartenant à l'un des corps de la marine ont droit, lorsqu'ils sont promus à un nouveau grade étant en service aux colonies, à la solde de ce grade à compter de la date du décret ou de la décision qui les concerne.

Officiers, fonctionnaires et agents du service colonial promus à un nouveau grade ou nommés à une nouvelle fonction ou à un nouvel emploi.

2. Les fonctionnaires et agents de l'ordre civil qui, étant en service dans une colonie, sont nommés à une nouvelle fonction

ou à un nouvel emploi et qui sont appelés à se déplacer par suite de leur nomination, ne reçoivent la solde coloniale du nouvel emploi qu'à compter du jour de leur arrivée dans la colonie où ils doivent continuer leurs services. Depuis le jour de leur nomination jusqu'au jour de leur départ pour suivre leur destination, ils reçoivent un traitement transitoire égal au montant de la solde coloniale de leur ancien emploi (A). Du jour de leur départ ou de leur embarquement jusqu'à leur arrivée à destination, ils ont droit à la solde d'Europe du nouvel emploi. Ceux qui sont promus dans les colonies sans déplacement reçoivent la solde de leur nouvel emploi à compter du jour où ils prennent possession du service.

Art. 34.

Cas où les officiers, fonctionnaires et agents du service colonial reçoivent la solde dite d'Europe.

1. La solde d'Europe pour les divers corps de la marine est la même que la solde de présence à terre prévue par les tarifs annexés au présent décret. Celle des fonctionnaires et agents est réglée par des décisions ministérielles quand elle n'a pas été déterminée par des décrets spéciaux.

2. Lorsqu'un fonctionnaire colonial est pourvu d'un grade dans l'un des corps de la marine , il reçoit, s'il a droit à la solde d'Europe, celle de son grade si elle est plus élevée que le traitement d'Europe de sa fonction.

3. La solde d'Europe est allouée aux officiers, fonctionnaires et agents du service colonial dans les positions ci-après :

1° en France, lorsqu'ils sont en expectative de départ, ou à la disposition du Ministre, excepté dans les cas prévus par l'art. 56 ci-après.

2° En cours de traversée, sauf le cas où conformément à l'art. 32, ils sont embarqués pour se rendre en mission sur un autre point de la même colonie ou dans une autre colonie ainsi qu'en pays étrangers hors d'Europe.

3° De passage dans une colonie française pendant le cours d'un voyage effectué pour se rendre à leur poste ou pour opérer leur retour en France.

(A) Ce traitement se décompose comme suit :
1° Solde d'Europe du nouvel emploi;
2° Différence entre cette solde et le montant de la solde coloniale de l'ancien emploi.

4° Envoyés sur un autre point de la même colonie pour suivre une nouvelle destination hòrs de cette colonie.

5° En mission en France ou dans un pays d'Europe.

4. Les inspecteurs en chef coloniaux et les fonctionnaires attachés à l'inspection coloniale reçoivent la solde d'Europe pendant leur séjour aux colonies ainsi qu'à bord des bâtiments de l'État, des paquebots ou des navires du commerce.

§ 5. *Solde en Algérie.*

ART. 35.

1. La solde en Algérie est allouée aux officiers, aspirants, fonctionnaires ou agents pendant la durée de leur service en Algérie.

Positions donnant droit à la solde en Algérie.

2. Le droit à ladite solde court du jour du débarquement en Algérie et cesse du jour de l'embarquement pour rentrer en France.

SECTION II. — SOLDE D'ABSENCE.

§ 1er. *Solde de congé.*

ART. 36.

1. Hors les cas de maladie constatée, d'entrée à l'hôpital ou de mission, nul ne peut s'absenter de son poste qu'en vertu d'un congé ou d'une permission.

Nul ne peut s'absenter qu'en vertu d'un congé ou d'une permission.

2. Toute absence autorisée prend le nom de congé lorsqu'elle s'applique à une période de temps de plus de 30 jours et celui de permission lorsqu'elle se rapporte à une période égale ou inférieure à ce nombre de jours, sauf l'exception prévue par l'article 56 (§ 8) ci-après.

ART. 37.

On distingue sept espèces de congés :

Différentes espèces de congés.

1. Les congés pour affaires personnelles ;

2. Les congés accordés :

1° Aux officiers, aspirants, fonctionnaires ou agents au retour d'une campagne de mer d'une année de durée au moins ;

2° Aux officiers, fonctionnaires et agents du service colonial après un séjour consécutif aux colonies dont la durée minimum est fixée comme suit :

Trois ans pour les colonies du Sénégal, de la Cochinchine, de la Guyane, du Gabon, de Mayotte et dépendances et de Sainte-Marie de Madagascar.

Cinq ans pour les autres colonies ;

3° Aux officiers et agents du service métropolitain après la durée de la période réglementaire du service colonial ;

3. Les congés accordés aux officiers du corps de santé de la marine, soit pour obtenir des facultés de médecine ou des écoles de pharmacie, le diplôme de docteur ou celui de pharmacien universitaire, soit pour étendre et perfectionner leurs connaissances dans les principales écoles de médecine ou de pharmacie ainsi qu'aux officiers de santé auxiliaires du service colonial qui viennent en France subir les épreuves du concours pour l'avancement ;

4. Les congés de convalescence ;

5. Les congés pour faire usage des eaux thermales ou minérales ;

6. Les congés accordés aux officiers autorisés à prêter leur concours à des entreprises industrielles ;

7. Les congés spéciaux accordés aux fonctionnaires et agents provenant d'autres départements ministériels en expectative de réintégration dans ces départements.

ART. 38.

Congés ; par qui accordés.

1. Les congés sont concédés :

Aux officiers, aspirants, fonctionnaires et agents entretenus, servant en France ou à la mer, par le Ministre de la marine

Aux officiers, fonctionnaires et agents servant dans les colonies par le Ministre ou par les Gouverneurs et Commandants desdites colonies, d'après les instructions spéciales arrêtées à cet effet. Les Gouverneurs rendent compte immédiatement au Ministre des congés qu'ils accordent.

Aux divers agents non entretenus servant en France, par l'autorité locale et dans la limite de trois mois.

2. Dans tous les cas, le titre dont l'officier, fonctionnaire ou agent doit être porteur lui est délivré par le chef du service auquel il appartient.

ART. 39.

Congés pour affaires personnelles.

I. Les congés pour affaires personnelles donnent droit à la moitié de la solde de présence à terre.

2. Toutefois, les aumôniers en service dans les établissements à terre qui, à défaut d'aumôniers de la flotte à terre sans emploi se trouvent dans la nécessité de se faire remplacer, pendant la durée de leur congé, dans l'exercice de leurs fonctions par un ecclésiastique étranger à la marine, conservent l'intégralité de leur solde de présence. Les professeurs d'hydrographie et les trésoriers des Invalides absents de leur poste avec autorisation conservent également la totalité de leur traitement lorsqu'ils ont pourvu eux-mêmes à leur remplacement.

3. Les Gouverneurs et Commandants de colonies ainsi que les évêques ont droit à la solde d'Europe pendant la durée des congés pour affaires personnelles.

Art. 40.

1. Les congés accordés aux officiers, aspirants, fonctionnaires ou agents, au retour d'une campagne de mer d'une année de durée au moins, donnent droit, pendant six mois au plus, aux deux tiers de la solde de présence à terre.

2. Les congés accordés après trois ou cinq années de séjour consécutif aux colonies, suivant le cas, ou après l'accomplissement de la période réglementaire de service colonial, donnent également droit, pendant six mois, aux deux tiers de la solde à terre, c'est-à-dire, pour les officiers fonctionnaires et agents du service colonial, aux deux tiers de la solde d'Europe.

3. Des prolongations de congé qui n'auront pas pour objet d'étendre la durée de l'absence au-delà d'une année, peuvent être accordées par le Ministre, et donnent droit à la moitié de la solde de présence à terre ou de la solde d'Europe suivant le cas.

4. Les congés prévus par les § 1 et 2 du présent article ne peuvent être accordés que dans les trois mois qui suivent le retour en France.

5. Lorsque les officiers ou aspirants obtiennent des congés pour aller aux colonies, ils n'ont pas droit à la solde à la mer pendant la traversée.

Art. 41.

1. Il est accordé aux médecins de la marine, pour se pourvoir du titre de docteur en médecine devant les facultés, et aux

pharmaciens de la marine pour se pourvoir du titre de pharmacien universitaire de 1re classe devant les écoles supérieures de pharmacie, des congés leur donnant droit, pendant trois mois, à l'intégralité de la solde de présence. Cette concession ne peut se renouveler à solde entière.

2. Les médecins de 2e classe promus à ce grade à partir de la promulgation du présent décret, peuvent obtenir après l'accomplissement dans leur grade, d'une période régulière de service à la mer ou aux colonies, un congé de six mois à solde entière pour aller subir les épreuves du doctorat en médecine devant l'une des facultés. Ce congé à solde entière ne peut être prolongé ni renouvelé.

3. Les pharmaciens de 2e classe promus à ce grade depuis la promulgation du présent décret, peuvent obtenir, après l'accomplissement dans leur grade, d'une période régulière de service à la mer ou aux colonies, un congé de quatre mois à solde entière, pour aller subir les épreuves de pharmacien universitaire de 1re classe devant une des écoles supérieures de pharmacie. Ce congé à solde entière ne peut être prolongé ni renouvelé.

4. Les congés accordés aux médecins et pharmaciens principaux ou de 1re classe autorisés à se rendre auprès des facultés de médecine ou des écoles de pharmacie, à l'effet de se préparer au concours pour le grade de professeur dans les écoles de médecine navale donnent droit à l'intégralité de la solde de présence pendant une année. Cette concession ne peut se renouveler.

5. Les congés accordés aux médecins de 1re classe agrégés du cours d'accouchement et des maladies des femmes et des enfants, autorisés à se rendre devant les facultés, en vue de se préparer à l'enseignement de ce cours donnent droit à l'intégralité de la solde de présence pendant six mois. Cette concession ne peut se renouveler.

6. Les congés accordés aux médecins et pharmaciens en chef attachés aux écoles de médecine navale et aux professeurs autorisés à se rendre près des facultés, dans l'intérêt de l'enseignement de ces écoles, donnent droit, pendant quatre mois, à l'intégralité de la solde de présence. Cette concession ne peut se renouveler que de cinq ans en cinq ans.

7. L'officier du corps de santé qui se trouve dans l'un des cas prévus au présent article est tenu pour obtenir le paiement de sa solde de produire un certificat mensuel constatant sa pré-

sence dans la faculté de médecine ou l'école supérieure de pharmacie. Ce certificat administratif délivré par le secrétaire de la faculté ou de l'école doit être visé par le doyen de la faculté ou par le directeur de l'école.

8. Les officiers de santé auxiliaires qui, après un séjour aux colonies, viennent en France avec une autorisation du Ministre pour subir les épreuves d'un concours pour l'avancement ont droit à l'indemnité représentative de la solde d'Europe jusqu'au jour où le Ministre a statué sur la destination à leur donner à la suite du concours.

9. Ces congés ne peuvent être accordés qu'après un séjour consécutif de trois ans dans toutes les colonies.

10. Si ces officiers de santé auxiliaires laissent passer le concours sans y prendre part, ils sont considérés comme étant en congé sans solde à compter du jour de leur débarquement en France.

Art. 42.

1. Les congés de convalescence donnent droit à la moitié de la solde de présence à terre ou de la solde d'Europe, sauf les exceptions ci-après :

2. Les officiers, aspirants, fonctionnaires ou agents qui obtiennent un congé de convalescence dans les deux mois qui suivent leur débarquement après un embarquement d'une durée de trois mois au moins ou un séjour aux colonies conservent la solde de présence à terre ou la solde d'Europe dans la limite de six mois. La même disposition est applicable aux officiers, fonctionnaires et agents du service colonial qui, ayant obtenu un congé de convalescence, passent ce congé aux colonies.

3. Lorsque l'autorité supérieure locale en fait la demande formelle et motivée, la même solde est également conservée, mais dans la limite de trois mois seulement, aux officiers, fonctionnaires et agents servant en France et en Algérie qui obtiennent un congé de même nature ainsi qu'à ceux qui, ayant été embarqués, ne remplissent pas les conditions exigées par le § 2 ci-dessus.

4. Sauf les cas extraordinaires et notamment ceux indiqués dans le § 3 du présent article à l'égard desquels il sera statué par le Ministre de la marine, d'après une proposition spéciale et motivée, les prolongations de congé au même titre qui auront

pour effet d'étendre la durée de l'absence au-delà des délais ci-dessus spécifiés ne comporteront que la solde dite de congé (demi-solde).

5. Les officiers des divers corps de la marine et les aspirants, après une année d'absence en congé de convalescence, sont placés *d'office* dans la position de non-activité pour infirmités temporaires, à moins qu'il n'ait été reconnu par l'autorité médicale qu'un nouveau congé de six mois pourra leur permettre de reprendre le service actif (A). Cette nouvelle prolongation ne donnera droit qu'à la solde de congé (demi-solde) à moins d'une décision spéciale et motivée du Ministre de la marine.

6. Après une année d'absence en congé de convalescence les fonctionnaires et agents de l'ordre civil sont soumis à l'examen de l'autorité médicale ; s'il est reconnu que la maladie est déterminée par l'une des causes exceptionnelles prévues par les §§ 1 et 2 de la loi du 9 juin 1853 (B) ils peuvent obtenir des prolongations de congé à solde entière jusqu'à leur rétablissement ou jusqu'à leur mise à la retraite. Dans le cas contraire, si les fonctionnaires et agents de l'ordre civil obtiennent des prolongations de congé, après une année d'absence, ils n'ont droit à aucune solde.

ART. 43.

Prolongations de congés.

Dans les cas prévus aux art. 39, 40 et 41, les prolongations

(A) Circulaire du 22 octobre 1846. Si les certificats de visite et de contre visite constatent que l'officier est atteint d'infirmités qui ne sont pas incurables, mais qu'un congé de six mois serait insuffisant, pour obtenir leur guérison, le Préfet maritime proposera la mise en non-activité pour infirmités temporaires conformément aux dispositions de l'art. 5 de la loi du 19 mai 1834 sur l'état des officiers.

(B) Loi du 9 juin 1853 ; Article 11 § 1er. Les fonctionnaires et employés qui auront été mis hors d'état de continuer leur service soit par suite d'un acte de dévouement dans un intérêt public ou en exposant leurs jours pour sauver la vie de l'un de leurs concitoyens, soit par suite de lutte ou combat soutenu dans l'exercice de leurs fonctions.

§ 2. Ceux qu'un accident grave, résultant notoirement de l'exercice de leurs onctions, met dans l'impossibilité de les continuer.

Décret du 9 novembre 1853 portant règlement d'administration publique pour l'exécution de la loi du 9 juin 1853, sur les pensions civiles.

Article 18, § 8. Si la maladie est déterminée par l'une des causes exceptionnelles prévues aux 1er et 2e § de l'art. 11 de la loi du 9 juin 1853, le fonctionnaire peut conserver l'intégralité de son traitement jusqu'à son rétablissement ou jusqu'à sa mise à la retraite.

qui ont pour effet d'étendre la durée totale de l'absence par congé au-delà d'une année ne donnent droit à aucune solde.

ART. 44.

1. Des congés avec jouissance de la solde de présence à terre peuvent être accordés pour faire usage des eaux thermales ou minérales. La durée de ces congés est égale au double du temps passé dans les stations thermales ou minérales, sans pouvoir excéder la limite de deux mois.

Congés pour faire usage des eaux thermales ou minérales.

2. Une prolongation d'un mois, avec jouissance de la même solde, pourra être accordée, par décision ultérieure du Ministre, lorsque le besoin d'un redoublement de saison aura été constaté par les médecins particuliers des eaux. Cette disposition est applicable de plein droit lorsque la saison des eaux est de 60 jours et au-delà.

3. Si les officiers, aspirants, fonctionnaires ou agents qui, n'étant pas déjà en possession d'un congé d'une autre nature, quittent le service après avoir obtenu un congé pour faire usage des eaux ne s'y rendent pas, ils n'ont droit à aucune solde pendant la durée de leur absence qui ne peut dépasser un mois. Toutefois, s'ils n'ont pu se rendre aux eaux par suite d'un empêchement légitime dûment constaté, il leur est attribué un solde dont la quotité est fixée par le Ministre.

4. Celui qui s'étant rendu aux eaux est empêché d'en faire usage par suite des prescriptions des médecins conserve le droit à la solde entière pendant le temps qu'il a été contraint de passer dans la station thermale ou minérale, s'il rapporte un certificat constatant la durée du séjour obligatoire.

5. Les officiers, fonctionnaires et agents, pour obtenir ultérieurement le rappel de leur solde, ont à produire un certificat du sous-intendant militaire ou, à défaut, du médecin en chef de l'établissement des eaux, constatant le temps pendant lequel ils y ont été traités.

6. Ceux qui viennent des établissements près desquels il existe un hôpital militaire ont à produire, en outre, un certificat du sous-intendant militaire ou de l'officier qui le remplace, constatant s'ils ont été ou s'ils n'ont pas été hospitalisés, et dans le cas de l'affirmative, la durée de leur séjour à l'hôpital. Cette disposition n'est pas applicable aux officiers supérieurs qui ne peuvent pas être hospitalisés.

7. Les officiers, aspirants, fonctionnaires et agents qui, étant en congé à solde réduite obtiennent du Ministre l'autorisation de faire usage des eaux recouvrent les droits à la solde entière pendant le double de la durée de leur séjour aux eaux dans les établissements thermaux ou minéraux, sans que cette concession puisse excéder deux mois, ainsi qu'il est dit au § 1er du présent article, si ce n'est dans le cas prévu par le § 2 du même article. Ceux qui, étant en possession d'un congé pour affaires personnelles se rendent aux eaux sans avoir obtenu l'autorisation préalable n'ont pas droit au paiement de la solde de présence à terre.

8. Les congés pour faire usage des eaux ne donnent droit à la solde de présence à terre que pendant deux années de suite. Si l'officier, fonctionnaire ou agent, s'y rend consécutivement pendant trois années, le congé de la 3e année est à demi-solde, aussi bien pour les officiers qui sont hospitalisés que pour ceux qui ne le sont pas.

9. Dans le cas où l'officier, fonctionnaire ou agent est autorisé à faire usage des eaux thermales ou minérales deux fois, dans le cours d'une même année, le deuxième congé à lui accorder est considéré comme un congé pour affaires personnelles et ne comporte par suite que la demi-solde.

Art. 45.

Congés accordés aux fonctionnaires et agents rendus aux départements ministériels auxquels ils étaient empruntés.

1. Les fonctionnaires et agents du service colonial destinés à être rendus aux départements ministériels auxquels ils ont été empruntés par la marine, peuvent, en attendant leur réintégration, obtenir du Ministre de la marine des congés spéciaux.

2. Ces congés sont accordés à solde entière dans la limite du maximum de 6 mois, sauf prolongation à 1/2 solde pendant 6 autres mois, pour les fonctionnaires et agents qui sont rendus d'office.

3. Les mêmes congés ne donnent droit qu'à la demi-solde si c'est sur sa demande que le fonctionnaire ou agent quitte le service de la marine.

4. Les fonctionnaires et agents remis d'office par mesure disciplinaire ne peuvent prétendre à ces congés.

Art. 46.

Congés pour servir dans le commerce ou à l'industrie.

Les congés accordés pour servir dans le commerce ou l'industrie pendant trois ans au plus ne donnent droit à aucune solde.

ART. 47.

La solde d'absence en congé pour les officiers, fonctionnaires et agents du service colonial n'est pas basée sur la solde coloniale, elle est calculée sur le pied de la solde d'Europe, soit qu'ils passent leur congé aux colonies, soit qu'ils aillent en congé en Europe ou hors d'Europe.

Quotité de la solde des congés accordés aux officiers, fonctionnaires et agents du service colonial.

ART. 48.

1. Les demandes de congé de convalescence et de prolongation sont appuyées de certificats de visite délivrés par le Conseil de santé de la marine.

Certificats de visite.

2. Les demandes de même nature formées par des officiers, aspirants, fonctionnaires et agents servant hors des ports ou déjà en congé sont appuyées de certificats de visite et de contre-visite délivrés par les officiers de santé des hôpitaux militaires ou, à défaut, par les médecins des hôpitaux civils.

3. Pour les officiers et autres résidant à Paris, les certificats sont délivrés par l'inspecteur général du service de santé de la marine.

4. Les dispositions du présent article sont applicables aux demandes faites par les officiers, aspirants, fonctionnaires et agents pour obtenir l'autorisation d'aller prendre les eaux thermales ou minérales. Dans ce cas, le certificat de visite indique l'établissement sur lequel ils doivent être dirigés.

5. En ce qui concerne les officiers, fonctionnaires et agents du service colonial, les certificats de visite sont délivrés par les Conseils de santé de la colonie et les certificats de contre-visite par le Conseil de santé ou l'autorité médicale du port de débarquement.

6. Dans tous les cas, les certificats de visite et contre-visite sont soumis à l'examen du Conseil supérieur de santé de la marine.

ART. 49.

1. Les demandes de congé ou de prolongation de congé doivent être transmises au Ministre par la voie hiérarchique. Lorsqu'il s'agit de prolongations de congé pour affaires person-

Mode d'envoi des demandes de congé et de prolongations de congé.

nelles, les demandes doivent toujours être adressées, par les intéressés, à leur chef direct.

2. Il n'est fait d'exception à cette règle que pour les officiers, fonctionnaires et agents du service colonial qui, étant en France, peuvent adresser directement leur demande au Ministre s'ils ne se trouvent pas dans une localité où réside une autorité maritime.

ART. 50.

Élèves obtenant un congé à la sortie de l'école.

1. Les élèves sortant de l'Ecole polytechnique ou de l'Ecole navale, pour être employés au service de la marine, ont droit à la solde de congé du grade qui leur est conféré ou de l'emploi qu'ils sont destinés à remplir, à compter du jour de leur nomination jusqu'à celui de leur arrivée à destination, sauf le cas prévu par l'art. 31 ci-dessus.

2. La quotité de la solde de congé à accorder, le cas échéant, aux élèves sortant des Écoles est uniformément fixée à la moitié de la solde de leur grade, mais sans accessoires.

ART. 51.

Officiers, fonctionnaires et agents en congé, allant siéger aux Conseils généraux ou cités en témoignage.

1. Les officiers, fonctionnaires ou agents qui, étant en congé, sont appelés sans être obligés de se déplacer, soit à siéger aux Conseils généraux des départements, soit à témoigner devant un tribunal civil, maritime ou militaire siégeant dans le lieu de leur résidence, conservent jusqu'à l'expiration de leur congé la solde d'absence dont ils jouissaient. S'ils sont retenus au-delà du terme de leur congé ils ont droit à la solde de présence à compter du lendemain de l'expiration dudit congé ainsi qu'il est dit à l'art. 28.

2. Pour obtenir le rappel de leur solde ils doivent produire le certificat exigé par l'art. 27.

ART. 52.

Congés pour aller aux colonies françaises ou en pays étranger hors d'Europe.

1. Les congés pour aller de France aux colonies françaises ou en pays étranger hors d'Europe ne peuvent donner droit à solde pendant plus d'une année pour les localités situées dans l'Atlantique ou pendant plus de dix-huit mois pour celles qui sont situées au-delà du cap de Bonne-Espérance ou du cap Horn, y compris, dans l'un et l'autre cas, le temps de la traversée pour l'aller et le retour.

2. Les congés avec solde pour se rendre d'une colonie française dans une autre colonie ou dans un pays hors d'Europe ne peuvent dépasser :

Un an, si l'un des trajets pour se rendre au lieu de destination peut s'effectuer dans un délai de trois mois.

Dix-huit mois, si ce trajet exige une durée de plus de trois mois.

3. La décision du Ministre indique la limite extrême de l'absence d'après la durée présumée de la moyenne des traversées.

4. En conséquence, la période de 12 ou de 18 mois est calculée, depuis le jour du départ jusqu'au jour de l'arrivée.

5. Le titulaire du congé doit faire viser sa feuille de route au départ et à l'arrivée, ainsi que sur les points intermédiaires du trajet où il est obligé de s'arrêter pour prendre une autre voie, à l'effet de continuer son voyage.

ART. 53.

L'officier, aspirant, fonctionnaire ou agent embarqué, qui reçoit un congé ou qui a obtenu une permission à valoir sur son congé, est débarqué du jour où il est entré en jouissance de ce congé ou de cette permission.

ART: 54.

1. Tout congé dont il n'a pas été fait usage est considéré comme non avenu, un mois après la date de sa réception par l'officier, fonctionnaire et agent à qui il a été accordé.

2. Ce délai, pour les congés accordés à l'effet de se rendre outre mer et *vice versâ*, peut être porté à trois mois par décision spéciale du Ministre et du Gouverneur ou Commandant de colonie.

3. L'entrée en jouissance d'une permission doit être immédiate.

ART. 55.

1. Les officiers, aspirants, fonctionnaires et agents qui obtiennent des congés ou des permissions sont payés de leur traitement d'activité jusqu'au jour où ils entrent en jouissance de leur congé.

2. L'officier, aspirant, fonctionnaire ou agent en congé a la

faculté de recevoir sa solde à l'expiration de chaque mois (A).

3. Les officiers, aspirants, fonctionnaires ou agents ne peuvent être payés de leur solde de congé sans la production :

1° du livret dont ils doivent être porteurs et qui doit constater l'époque à laquelle le titulaire a cessé d'être payé.

2° De leur feuille de route.

3° Du titre établissant leur position.

4. Le livret doit constater s'ils sont ou non passibles de retenues pour débet envers l'État.

5. Pour obtenir le paiement de leur solde, les officiers, aspirants, fonctionnaires ou agents doivent s'adresser : dans les ports militaires ou secondaires, ainsi que dans les colonies, au commissaire aux revues ; dans les établissements hors des ports, à l'agent administratif ; dans les quartiers de l'inscription maritime, au commissaire ou à l'administrateur du quartier ; et à Paris, dans les bureaux de l'administration centrale.

6. Les officiers, fonctionnaires ou agents en congé dans les départements de l'intérieur doivent s'adresser par écrit au Ministre de la marine.

ART. 56.

Permissions ; par qui accordées. Droits résultant des permissions.

1. Les permissions sont accordées aux officiers, aspirants, fonctionnaires ou agents, par les chefs de service, d'après l'autorisation donnée par l'autorité supérieure sous les ordres de laquelle ils sont placés.

2. Les permissions ne peuvent être accordées pour plus de trente jours. Lorsque l'absence doit être d'une plus longue durée, elle ne peut être autorisée que par un congé.

3. L'officier, aspirant, fonctionnaire ou agent absent par permission a droit, si la durée totale de l'absence par permission, en une ou plusieurs fois, ne s'est pas prolongée au-delà de 30 jours (du 1er janvier au 31 décembre de la même année) à la totalité du traitement du lieu où il est en service à l'exclusion des suppléments de fonctions ou des indemnités de repré-

(A) Le paiement des ordonnances émises au profit des officiers, fonctionnaires ou agents résidant à l'intérieur entraîne un délai de 20 à 25 jours, (art. 144 du règlement du 14 janvier 1869 pour servir, en ce qui concerne le département de la marine et des colonies à l'exécution du décret du 31 mai 1862 sur la comptabilité publique).

sentation. Les dispositions spéciales aux aumôniers, aux professeurs d'hydrographie et aux trésoriers des Invalides de la marine en congé (art. 39 ci-dessus) sont applicables aux cas de permissions.

4. Si l'ensemble des permissions accordées dans le cours d'une année (du 1er janvier au 31 décembre) dépasse la limite ci-dessus, l'intégralité du traitement n'est maintenue que jusqu'à concurrence de trente jours et le surplus de l'absence ne donne droit qu'à la solde de congé pour affaires personnelles.

5. Le traitement de l'officier, aspirant, fonctionnaire ou agent embarqué qui reçoit une permission, est payé au compte du bâtiment au service duquel il continue à être affecté.

6. Toute permission accordée antérieurement à un congé doit être confondue dans ce congé, si le titulaire n'a pas rejoint son poste à l'expiration de sa permission et avant d'avoir obtenu son congé.

7. Les permissions d'absence et les délais de route doivent faire l'objet d'une mention spéciale sur le livret de solde.

8. Par exception aux dispositions du § 1er du présent article, il peut être accordé aux officiers, fonctionnaires ou agents qui demandent à se rendre en Corse ou en Algérie et à ceux qui y servent et qui viennent en France, des autorisations d'absence comportant exceptionnellement la jouissance de l'intégralité de la solde à terre d'Europe, dans la limite de 40 jours en ce qui concerne la Corse et dans celle de 45 jours en ce qui concerne l'Algérie. Ces permissions spéciales qui comprennent le temps de l'aller et du retour sont accordées par l'autorité locale mais une seule fois dans le cours de l'année. Elles sont exclusives de toute autre permission d'absence à solde entière pendant la même période de temps. Le rappel de la solde a lieu sur la production d'une feuille de route visée à l'arrivée et au départ aussi bien dans le port d'embarquement que dans le port de débarquement, soit en France, soit en Corse, soit en Algérie.

Art. 57.

1. La durée des permissions et congés comprend le temps de l'aller et du retour.

2. Toutefois, pour les officiers, aspirants, fonctionnaires ou agents servant sur un point outre-mer, ou autorisés à se rendre en congé en Europe, la durée du congé est indépendante du

temps de la traversée et de celui de la quarantaine, quand elle est exigée. En conséquence, le congé ne prend date que du jour du débarquement ou de la sortie du lazaret. Quant aux congés de convalescence, ils ne courent que du lendemain de la visite ou contre-visite des intéressés en France par le service de santé de la marine du port de débarquement. A son retour, l'officier, fonctionnaire ou agent est considéré comme rentré à son poste du jour de son arrivée au port indiqué par sa feuille de route (Voir l'art. 61 ci-après).

3. Lorsque l'officier, aspirant, fonctionnaire ou agent recevant un ordre de déplacement, obtient, en même temps, une permission ou un congé, les délais de route réglementaires sont ajoutés à la durée de la permission ou du congé.

ART. 58.

Visa des permissions et des congés avant le départ.

1. Tout officier, aspirant, fonctionnaire ou agent qui obtient une permission ou un congé, est tenu de présenter lui-même dans les vingt-quatre heures, le titre dont il est porteur au visa du commissaire aux revues ou aux armements, qui en prend inscription sur le contrôle ou rôle d'équipage.

2. Le commissaire aux revues ou aux armements indique sur le livret de l'officier, aspirant, fonctionnaire ou agent, quelque soit son grade ou son emploi, la date, la nature et la durée du congé ou de la permission. Il appose son visa sur le titre d'absence.

3. Les officiers du commissariat de la marine doivent refuser de viser les congés ou permissions, qui seraient délivrés contrairement aux règles établies.

4. Les dispositions qui précédent ne sont pas applicables aux permissions d'absence accordées aux officiers, marins et autres embarqués sur des bâtiments dépendant d'une escadre ou d'une division navale. Ces permissions sont enregistrées par les administrateurs des bâtiments à la charge par eux de porter les mouvements à la connaissance des ports comptables sous peine d'engager leur responsabilité personnelle.

5. Si le titulaire d'une permission est embarqué sur un bâtiment isolé se trouvant dans un port autre que le chef-lieu d'un arrondissement ou d'un sous-arrondissement maritime, c'est-à-dire où il n'existe ni commissaire aux revues, ni commissaire aux armements, le Conseil d'administration ou le capitaine

comptable du bâtiment doit, comme il est dit au paragraphe précédent, aviser le port comptable afin que la permission soit apostillée au rôle d'équipage du bâtiment.

Art. 59.

1. Les officiers, aspirants, fonctionnaires ou agents en congé, avec solde ou sans solde, rentrent en jouissance de la solde de présence le jour où ils ont rejoint leur poste, sauf les cas prévus par les art. 28 et 29.

2. Les officiers, fonctionnaires et agents du service colonial qui, à l'expiration de leur congé, sont maintenus dans leurs foyers en attendant leur départ pour la colonie qu'ils doivent rejoindre, conservent jusqu'au jour exclus de leur arrivée au port d'embarquement, la jouissance de la solde qu'ils recevaient au moment de l'expiration de leur congé.

Époque de la rentrée en jouissance de la solde de présence.

Art. 60.

1. L'officier, aspirant, fonctionnaire ou agent qui, étant en congé avec solde, rentre après le terme fixé pour l'expiration de son congé né reçoit aucune solde pour la durée de son absence illégale, à moins que le retard n'ait été causé, soit par circonstance de force majeure dûment constatée, soit par maladie. Dans ce dernier cas, il doit présenter soit un billet de sortie de l'hôpital, soit un certificat des médecins d'un hôpital maritime ou militaire, et, à défaut, un certificat dûment légalisé du médecin qui l'a soigné indiquant la nature de la maladie et le temps qu'a exigé le traitement.

2. L'officier, aspirant, fonctionnaire ou agent qui, étant en congé avec ou sans solde, n'a pu, pour les causes énoncées au paragraphe ci-dessus, rentrer à son poste à l'expiration de son congé, doit prévenir immédiatement son chef direct. Il est considéré comme étant encore en congé, avec ou sans solde pour tout le temps écoulé depuis l'expiration de son congé jusqu'au jour exclus de sa rentrée à son poste.

3. Toutefois, l'officier, aspirant, fonctionnaire ou agent qui jouit d'un congé de convalescence avec solde de présence, cesse d'avoir droit à cette solde dès l'expiration de son congé ou de sa prolongation de congé. Il n'a droit au-delà de ce terme, qu'à la solde de congé pour affaires personnelles.

4. Les dispositions des |2 premiers § du présent article sont

Officiers ou autres dépassant la limite de leur congé ou permission.

applicables aux permissions. En cas de retard justifié, le titulaire d'une permission conserve l'intégralité de son traitement dans la limite de trente jours prévue par le § 4 de l'art. 56, en tenant compte de la durée des permissions accordées depuis le 1er janvier de l'année. Au-delà de cette limite, l'officier, fonctionnaire, ou agent reçoit la solde de congé pour affaires personnelles.

ART. 61.

Officiers ou autres rentrant avant l'expiration de leur congé ou permission.

1. L'officier, aspirant, fonctionnaire ou agent en congé ou en permission, qui use de la faculté de rentrer à son poste avant l'expiration de son congé ou de sa permission, recouvre ses droits à la solde de présence à compter du jour de son retour.

2. Cette disposition n'est applicable aux officiers, fonctionnaires et agents du service colonial qu'autant qu'ils ont été préalablement autorisés par le Ministre à rejoindre le port d'embarquement.

ART. 62.

Visa des permissions et des congés au retour.

Tout officier, aspirant, fonctionnaire ou agent rentrant de congé ou de permission est tenu de se présenter au détail des revues ou armements, pour faire constater par un visa sur son congé ou sa permission, la date du retour à son poste.

ART. 63.

Indemnité représentative de la solde de congé pour les officiers auxiliaires) et les secrétaires civils.

Les officiers auxiliaires ou les personnes employées exceptionnellement comme secrétaires des officiers généraux à bord des bâtiments de l'État, peuvent dans les cas analogues à ceux qui donnent droit aux congés de convalescence, obtenir une indemnité mensuelle représentative de la solde de congé. Cette indemnité qui est exclusive de l'indemnité de logement ainsi que l'indique l'art. 95 ci-après, ne peut se prolonger au delà de 6 mois, sauf les cas extraordinaires à l'égard desquels il sera statué par le Ministre de la marine d'après une proposition spéciale et motivée. Les prolongations accordées à ce titre ne peuvent avoir pour effet d'étendre la durée de l'absence au delà d'une année et ne comportent que la concession d'une indemnité représentative égale à la demi-solde dégagée de tous accessoires.

La durée de ces congés et prolongations de congés ainsi que la quotité de la solde sont déterminées par le Ministre.

Section III. — Délégations.

Art. 64.

1. Les officiers, aspirants, fonctionnaires ou agents embarqués à bord des bâtiments de l'État ou attachés au service des colonies, ont seuls la faculté de déléguer une portion de leurs appointements à leurs familles ou à un tiers. Ils ne peuvent consentir simultanément plus de deux délégations, l'une au profit de leur famille, l'autre au profit d'un tiers. Les officiers, fonctionnaires et agents servant en Algérie ne sont pas autorisés à déléguer.

2. Le maximum de ces délégations est fixé :

Pour les officiers, aspirants, fonctionnaires ou agents embarqués aux trois quarts de leur solde à la mer proprement dite, s'il s'agit de délégations consenties en faveur de leurs femmes, descendants ou ascendants et aux deux tiers de la même solde en ce qui concerne les autres délégataires.

Pour les officiers, fonctionnaires ou agents attachés au service des colonies, à la moitié de leur solde coloniale dégagée de tous accessoires s'il s'agit de délégations souscrites en faveur de leurs femmes, descendants ou ascendants et au quart de la même solde en ce qui concerne les autres délégataires.

3. Ces dispositions sont applicables aux officiers et agents auxiliaires.

Art. 65.

1. Les officiers, aspirants, fonctionnaires ou agents destinés à aller servir aux colonies et ceux qui sont présents dans les colonies, doivent, lorsqu'ils veulent souscrire des délégations, en faire la déclaration au commissaire aux revues dans les ports militaires ou dans les ports secondaires et à Paris dans les bureaux de l'administration centrale.

2. Les officiers, aspirants, fonctionnaires ou agents embarqués font leurs déclarations devant le Conseil d'administration ou le capitaine comptable du bâtiment.

Ce Conseil ou ce capitaine comptable remet ou adresse immédiatement au commissaire aux armements du port, qui centralise les dépenses du bâtiment, l'avis de la délégation dont il est fait mention au rôle d'équipage.

3. Les officiers, aspirants, fonctionnaires ou agents appelés à servir à la mer et qui, par suite de l'absence du bâtiment sur lequel ils doivent embarquer, ne peuvent faire leur déclaration devant le Conseil d'administration du bord, doivent s'adresser pour remplir cette formalité au commissaire aux armements du port dans lequel ils se trouvent.

4. Les déclarations portent énonciation des nom, prénoms, grade ou emploi de la personne qui fait la délégation, du montant de sa solde, de la portion déléguée, de l'époque à compter de laquelle le paiement doit être effectué, des nom, prénoms, qualités et demeures des individus autorisés à la recevoir, et de ceux qui doivent leur être substitués en cas de décès ou de refus.

5. L'autorité administrative qui a reçu la déclaration mentionne la délégation sur le livret de solde du déléguant et vise cette déclaration en énonçant sur cette pièce qu'il a fait la mention ci-dessus prescrite.

Art. 66.

Délégations à des tiers.

Les délégations faites par les officiers, aspirants, fonctionnaires ou agents en faveur des personnes autres que leurs femmes, ascendants ou descendants, ne peuvent avoir leur effet qu'après approbation donnée.

Savoir :

Pour les officiers, aspirants, fonctionnaires ou agents embarqués sur des bâtiments faisant partie d'une armée, escadre ou division navale, par le Commandant en chef.

Pour les officiers, aspirants, fonctionnaires ou agents embarqués sur les bâtiments non réunis en armée, escadre ou division, par le Vice-Amiral commandant en chef, Préfet maritime.

Pour les officiers, fonctionnaires ou agents servant aux colonies, par les Gouverneurs ou Commandants desdites colonies.

Pour les officiers, fonctionnaires ou agents destinés à aller servir à terre aux colonies, par le Ministre de la marine.

Art. 67.

Délégations exceptionnelles.

Le Ministre de la marine peut seul, dans des circonstances

exceptionnelles, autoriser les délégations qui ne seraient pas conformes aux prescriptions des précédents articles.

Art. 68.

Le Ministre de la marine peut, en outre, prescrire, sur la solde des officiers, aspirants, fonctionnaires ou agents, une retenue d'office pour aliments dans les cas déterminés par les art. 203, 205 et 214 du code civil (A). Cette retenue est indépendante de toute autre retenue que l'officier, aspirant, fonctionnaire ou agent peut déjà subir pour quelque cause que ce soit.

Retenues d'office pour aliments.

Art. 69.

1. Les délégations souscrites par les officiers, aspirants, fonctionnaires ou agents embarqués continuent d'avoir leur effet pendant la durée de la campagne, si elles ne sont pas révoquées, sauf les cas déterminés par l'art. 72 ci-après.

Durée des délégations.

2. Les délégations souscrites par les officiers, aspirants, fonctionnaires ou agents servant aux colonies ont leur effet pendant toute la durée du service aux colonies à moins d'une mention spéciale énoncée dans la déclaration de délégation.

3. Les délégations ne commencent à courir qu'à compter de l'expiration du temps pour la durée duquel il a été payé aux officiers, fonctionnaires ou agents, des avances de solde à leur départ, conformément aux dispositions de l'art. 182 ci-après.

4. Les dispositions relatives aux retenues pour aliments sont réglées par l'art. 205 du présent décret.

5. En cas de décès du délégataire, les arrérages de délégation, non perçus par lui au moment de son décès, font retour au déléguant.

Art. 70.

1. Toute délégation cesse d'avoir son effet à compter du jour

Rentrée en France des officiers, fonctionnaires ou agents déléguants.

(A) *Art.* 203. — Les époux contractent ensemble, par le fait seul du mariage, l'obligation de nourrir, entretenir et élever leurs enfants.

Art. 205. — Les enfants doivent des aliments à leurs père et mère, et autres ascendants qui sont dans le besoin.

Art. 214. — La femme est obligée d'habiter avec le mari et de le suivre partout où il juge à propos de résider; le mari est obligé de la recevoir et de lui fournir tout ce qui est nécessaire pour les besoins de la vie, selon ses facultés et son état.

du débarquement en France de la personne qui l'a consentie.

2. Toutefois, dans le cas où des paiements auraient été faits, à ce titre, pour un temps postérieur à ladite époque, la reprise en sera opérée sur la solde de l'officier, aspirant, fonctionnaire ou agent.

3. Les retenues pour délégation sont opérées par continuation, sur la solde acquise pendant la traversée par les officiers, fonctionnaires ou agents revenant d'une destination d'outre-mer.

ART. 71.

Paiement des délégations.

1. Les délégataires sont payés, par trimestre, des sommes qui leur ont été déléguées mais seulement après constatation de la retenue opérée sur la solde de celui qui a fait la délégation.

2. Cette restriction n'est pas applicable aux retenues imposées d'office par le Ministre ou aux délégations consenties par les officiers, aspirants, fonctionnaires ou agents en faveur de leurs femmes, descendants ou ascendants. Sont applicables à ces dernières délégations les dispositions de l'art. 90 concernant les avances faites aux familles sur la solde de captivité.

ART. 72.

Époque de la cessation des délégations dans le cas de présomption de perte des bâtiments.

1. Les délégations consenties par les officiers, aspirants, fonctionnaires ou agents embarqués au profit de leurs femmes, descendants ou ascendants, cessent, dans le cas de présomption de la perte du bâtiment, d'avoir leur effet aux époques déterminées par décision du Ministre de la marine, conformément aux prescriptions de l'art. 24 du présent décret.

2. Cette disposition est applicable aux retenues imposées d'office à titre d'aliments, conformément aux prescriptions de l'art. 205 ci-après.

CHAPITRE III

Solde de réserve

ART. 73.

Solde de réserve; à qui allouée.

1. La solde de réserve est allouée aux officiers généraux du corps de la marine qui passent dans la deuxième section du cadre de l'état-major général.

2. Elle est réglée conformément aux dispositions du décret du 1er décembre 1852 (A).

CHAPITRE IV

Solde de non-activité

ART. 74.

1. La solde de non-activité est due à l'officier dans les cas déterminés par la loi du 19 mai 1834 (B). Elle est réglée, aussi bien pour les officiers et aspirants du service métropolitain que pour les officiers du service colonial, suivant les différentes positions de l'officier, par les tarifs annexés au présent décret. *[Définition de la solde de non-activité.]*

2. La solde de non-activité à l'égard des officiers retenus dans les colonies par des circonstances indépendantes de leur volonté est établie proportionnellement à la solde coloniale.

ART. 75.

1. Nul ne peut recevoir la solde de non-activité que dans le lieu où il a été autorisé, par le Ministre, à fixer sa résidence. *[Mode de paiement.]*

(A) Décret du 1er décembre 1852 (art. 5). Les officiers généraux de la deuxième section de l'état-major général reçoivent les $^3/_5$ de la solde de leur grade sans accessoires.

Loi de finances du 2 août 1868 (Art. 23). L'augmentation de solde prévue par la présente loi pour les officiers généraux et leurs assimilés des armées de terre et de mer n'est applicable qu'à ceux de la première section du cadre (activité et disponibilité).

(B) *Loi du 19 mai 1834 art. 16.* La solde de non-activité est fixée; 1° pour l'officier sorti de l'activité par suite de licenciement de corps, de suppression d'emploi, de rentrée de captivité à l'ennemi et d'infirmités temporaires, à moitié de la solde d'activité dégagée de tous accessoires et de toutes indemnités représentatives; 2° pour l'officier sorti de l'activité par retrait ou par suspension d'emploi aux deux cinquièmes de la même solde.

Art. 17. — Les lieutenants et sous-lieutenants en non-activité toucheront les trois cinquièmes de la solde d'activité dépouillée de tous accessoires, par exception au § 1er de l'article précédent.

2. L'officier en non-activité qui s'absente de son domicile sans autorisation régulière, n'a droit à aucun rappel de solde pour tout le temps de son absence.

CHAPITRE V

Solde de réforme

ART. 76.

Liquidation de la solde de réforme.

1. La solde de réforme dans les cas prévus par la loi du 19 mai 1834, est liquidée, après révision du comité compétent du Conseil d'État par arrêté du Ministre de la marine.

2. La liquidation est notifiée à l'intéressé par un titre officiel énonçant le détail de ses services effectifs et le temps durant lequel il a droit à sa solde de réforme.

ART. 77.

Mode de paiement.

1. La solde de réforme est payée par mois et à terme échu.

2. Les arrérages en sont payés à partir du jour où l'officier a cessé d'avoir droit à une solde d'activité ou de non-activité.

ART. 78.

Retenues à exercer pour aliments ou en cas de débet envers l'État.

1. Les retenues à exercer par précompte sur la solde de réforme, soit pour aliments, soit pour débet envers l'État, n'ont lieu qu'en vertu d'une décision du Ministre de la marine.

2. Les retenues pour aliments peuvent être exercées simultanément avec les retenues pour débet.

ART. 79.

Allocation temporaire payée en attendant le règlement de la solde ou de la pension de réforme.

1. Les officiers mis en réforme, peuvent recevoir en attendant le règlement définitif de leurs droits, soit à la pension viagère, soit à la solde de réforme, une allocation temporaire égale aux deux tiers du minimum de la pension de retraite de leur grade.

2. Cette allocation temporaire qui est payable par mois et à terme échu, leur est précomptée sur les premiers arrérages de la pension viagère ou de la solde de réforme à laquelle ils sont définitivement reconnus avoir droit.

CHAPITRE VI

Dispositions communes aux positions de présence et d'absence

ART. 80.

1. Les officiers, aspirants, fonctionnaires ou agents admis dans les hôpitaux subissent sur leur solde une retenue journalière dont le taux est déterminé par le tarif n° 52 annexé au présent décret.

2. Cette retenue est exercée, pour chaque journée passée effectivement à l'hôpital, depuis le jour de l'admission jusqu'à celui de la sortie exclusivement.

3. Le paiement de la solde acquise est effectué sur la présentation du billet de sortie, sauf le cas prévu par l'art. 81 ci-après.

4. En cas de décès, la solde est due aux héritiers jusqu'au jour du décès inclusivement, sous la déduction des retenues à opérer, conformément aux dispositions du § 1er du présent article.

5. L'officier, aspirant, fonctionnaire ou agent qui ne rejoint pas son poste immédiatement après sa sortie de l'hôpital n'a droit à aucun rappel pour le temps qui s'est écoulé depuis sa sortie de l'hôpital jusqu'au jour de sa rentrée à son poste.

ART. 81.

1. Les officiers, aspirants, fonctionnaires ou agents en traitement dans les hôpitaux peuvent être, sur leur demande, autorisé à recevoir mensuellement la solde à laquelle ils ont droit.

2. La demande de l'intéressé, visée par le commissaire aux hôpitaux et par le commissaire aux revues ou aux armements, suivant le cas, doit être soumise à l'approbation du Vice-Amiral commandant en chef, Préfet maritime dans les ports militaires, du chef de service dans les ports secondaires, ou du directeur dans les établissements hors des ports.

3. Les demandes formées par les officiers, aspirants, fonctionnaires ou agents en traitement dans les hôpitaux de l'intérieur doivent être visées par le sous-intendant militaire ou par le directeur de l'hôpital civil et approuvées par le Ministre ou par ses délégués.

4. Le Ministre de la marine autorise également le paiement de la solde des officiers, aspirants, fonctionnaires et agents

admis dans les asiles d'aliénés ou qui, par suite de leur état de maladie, n'auraient pu formuler une demande par-écrit.

Art. 82.

1. Les officiers, aspirants, fonctionnaires ou agents qui tombent malades étant en congé ou en permission avec solde sont admis dans les hôpitaux sur la présentation de leur titre d'absence.

2. Le jour de l'admission et celui de la sortie sont annotés sur le congé ou la permission par le fonctionnaire qui a délivré le billet d'entrée à l'hôpital.

3. Les officiers, aspirants, fonctionnaires ou agents qui entrent à l'hôpital après l'expiration de leur congé ou de leur permission n'ont droit à aucune solde depuis le jour de l'expiration du congé ou de la permission jusqu'à celui de leur entrée à l'hôpital.

Art. 83.

1. Les officiers, aspirants, fonctionnaires ou agents qui tombent malades étant en congé sans solde peuvent être admis à l'hôpital. Leur entrée et leur sortie sont constatées selon le mode prescrit par l'article précédent.

2. Si l'officier, fonctionnaire ou agent rejoint son poste ou se met à la disposition de l'autorité maritime à sa sortie de l'hôpital, il subit sur sa solde courante la retenue fixée par le tarif nº 52 annexé au présent décret, pour le nombre de jours effectifs qu'il a passés à l'hôpital.

3. Dans le cas contraire, il doit verser au Trésor public, à sa sortie de l'hôpital, le montant de cette retenue.

Art. 84.

1. Les officiers, aspirants, fonctionnaires ou agents en jugement reçoivent, pendant le temps de leur emprisonnement et jusqu'au jour inclus où la décision judiciaire rendue à leur égard est devenue définitive, la moitié de la solde de présence à terre assignée à leur grade, sans accessoires, s'ils étaient en activité de service au moment de leur arrestation.

2. En cas d'acquittement, ils sont rappelés du surplus de leur solde, selon leur position antérieure d'activité, pour tout le

temps pendant lequel ils ont été détenus; s'ils sont condamnés, ils n'ont droit à aucun rappel.

3. Dans ce dernier cas, si la condamnation n'entraîne pas la perte du grade ou de l'emploi, l'officier, aspirant, fonctionnaire ou agent continue à recevoir la moitié de la solde d'activité jusqu'au jour où sa position est de nouveau fixée, s'il y a lieu, ou jusqu'à l'expiration de sa peine.

4. Si la condamnation entraîne la perte de son grade ou de son emploi, l'officier, aspirant, fonctionnaire ou agent qui en est l'objet cesse d'avoir droit à tout traitement à partir du jour où le jugement est devenu définitif.

5. Les officiers qui se trouvent dans la position de congé sans solde prévue par l'art. 46 ne peuvent prétendre à aucune solde soit pendant la durée de leur emprisonnement, soit à titre de rappel en cas d'acquittement.

ART. 85.

L'officier ou l'aspirant en non-activité qui est mis en jugement reste en possession de sa solde jusqu'au jour du jugement. S'il est condamné et si sa position légale comme officier ne change point, il conserve la jouissance de la même solde.

ART. 86.

Les héritiers de l'officier, aspirant, fonctionnaire ou agent détenu qui vient à mourir avant son jugement ont droit au rappel déterminé par le § 2 de l'art. 84 pour le cas d'acquittement.

CHAPITRE VII

Solde de captivité

ART. 87.

La solde de captivité est allouée à tout officier, aspirant, fonctionnaire ou agent fait prisonnier de guerre à dater du lendemain du jour où il est tombé au pouvoir de l'ennemi, jusqu'au jour exclus de sa rentrée en France ou de son embarquement sur un bâtiment de l'État.

ART. 88.

1. Les officiers, aspirants, fonctionnaires ou agents qui sont restés au moins deux mois au pouvoir de l'ennemi, reçoivent à leur rentrée en France, un à compte de deux mois de la solde de captivité de leur grade, s'ils déclarent par écrit et sur l'honneur, qu'il ne leur a été fait aucun paiement pendant la durée de leur captivité, soit à eux-mêmes, soit à leur mandataire. Dans le cas contraire, l'à-compte à payer à leur rentrée en France est réduit à un mois de solde de captivité. Ce paiement est constaté sur la feuille de route qui leur est délivrée.

2. A leur arrivée à destination ils sont rappelés de cette solde pour tout le temps de leur captivité, sauf déduction de l'à-compte qui leur a été payé.

3. Ceux qui sont restés moins de deux mois au pouvoir de l'ennemi, reçoivent à leur rentrée, le paiement de ce qui leur est dû pour la durée de leur captivité, déduction faite des à-compte qu'ils déclarent avoir reçus ou fait payer à leur mandataire pendant la durée de leur captivité.

4. La solde de captivité des officiers, aspirants, fonctionnaires et agents prisonniers de guerre, peut, sous la déduction des à-compte payés à titre de délégation, en conformité de l'art. 90, être payée, pendant la durée de la captivité, à leur mandataire, après constatation de leur existence par les commissaires près les puissances belligérantes investis de pouvoirs à cet effet.

ART. 89.

1. Pour obtenir le paiement auquel il a droit, l'officier, aspirant, fonctionnaire ou agent rentrant de captivité doit produire, à défaut d'un titre établissant son identité, un certificat du commissaire près la puissance chez laquelle il a été détenu, constatant son grade et le temps pendant lequel il est resté en captivité.

2. Si cette production n'a point lieu, le paiement est ajourné jusqu'à ce que les droits de l'intéressé aient été reconnus.

ART. 90.

1. Lorsque des officiers, aspirants, fonctionnaires ou agents ont été faits prisonniers de guerre, le Ministre de la marine peut, sur la demande de ceux-ci, autoriser leurs familles à recevoir les deux tiers de leur traitement de captivité.

2. Ces autorisations ne peuvent avoir d'effet que pour une année, si la demande n'a pas été renouvelée ou si elle n'a pas été accueillie lors de son renouvellement.

3. Les paiements ont lieu à titre d'avances et la retenue en est opérée sur le décompte de la solde des officiers, aspirants, fonctionnaires ou agents.

4. En cas de décès d'un prisonnier de guerre, les paiements effectués sont considérés comme définitifs et le trop perçu ne donne lieu à aucune reprise.

CHAPITRE VIII

Accessoires de la solde

Section I. — Suppléments

Art. 91.

1. Les suppléments de fonctions à allouer aux officiers, fonctionnaires et agents sont fixés par les tarifs annexés au présent décret.

Suppléments de fonctions. Ces suppléments sont attachés à l'exercice effectif des fonctions.

2. Ils ne leur sont payés que pour le temps de la durée effective de leur présence à leur poste.

3. Cette disposition n'est pas applicable aux officiers et fonctionnaires chargés de faire des cours ou des conférences; ils conservent la jouissance de leur supplément de fonctions dans toutes les positions de présence ou d'absence sous la réserve qu'ils satisferont aux conditions du programme déterminé par l'autorité compétente, en ce qui concerne la durée de ces cours ou conférences ou le nombre de leçons qu'ils doivent donner.

4. Les suppléments de fonctions cessent d'être alloués aux titulaires lorsque ceux-ci s'absentent à raison de mission, de congé, de permission ou d'entrée à l'hôpital. Dans ce cas, ces suppléments sont alloués aux officiers ou fonctionnaires chargés, par ordre, de faire l'intérim.

5. Toutefois, l'officier qui remplit une mission dans la circonscription où il exerce ses attributions ordinaires, conserve le supplément de fonctions dont il jouissait au moment de son départ.

6. L'officier qui remplit un intérim ne peut cumuler l'indemnité de représentation ou le supplément attaché à la fonction qu'il occupe temporairement avec le supplément dont il serait en possession à un autre titre. Dans cette situation il reçoit l'allocation la plus élevée.

ART. 92.

Suppléments alloués aux officiers de marine, occupant à terre certains postes sédentaires.

1. Ces suppléments ainsi que les emplois qui les confèrent sont déterminés par le tarif n° 33 annexé au présent décret.

2. Lorsque le titulaire de l'emploi est absent de son poste, à raison de mission, de permission d'absence ou d'entrée à l'hôpital, il conserve le supplément dont il s'agit, s'il n'a pas été remplacé.

3. En cas de remplacement, ce supplément est alloué à l'officier qui le supplée par ordre.

ART. 93.

Supplément de solde pour résidence dans Paris.

1. Le supplément de solde pour résidence dans Paris est dû aux officiers supérieurs et autres, ainsi qu'aux aspirants, fonctionnaires ou agents lorsqu'ils sont pourvus d'un emploi dans la capitale. Ce supplément est alloué à compter du jour où l'officier, fonctionnaire ou agent prend son service.

Le supplément de solde pour résidence dans Paris n'est accordé aux officiers généraux que lorsqu'ils occupent l'un des emplois ci-après :

Membre du Conseil d'amirauté,

Membre du Conseil des travaux de la marine,

Directeur général du dépôt des cartes et plans de la marine,

Président du comité consultatif des colonies,

Président du comité consultatif de l'artillerie de la marine,

Chef du cabinet du Ministre de la marine et des colonies,

Inspecteur en chef colonial.

2. Ce supplément n'est pas dû aux officiers, fonctionnaires ou agents qui reçoivent un traitement spécial à raison des fonctions qu'ils sont appelés à remplir, ni aux officiers ou autres en mission à Paris lorsqu'ils restent titulaires de leur résidence dans les ports.

3. Ce supplément est déterminé par le tarif n° 30 annexé au présent décret.

4. Les officiers de tous grades de la marine membres des assemblées législatives ont également droit au supplément de résidence dans Paris.

5. Le supplément de solde n'est dû que pour les journées de présence dans Paris.

6. Toutefois, il est conservé aux officiers, aspirants, fonctionnaires ou agents pendant la durée des permissions à solde entière.

7. Les officiers qui vont en mission, en congé, ou qui entrent dans les hôpitaux, cessent d'avoir droit à ce supplément à compter du jour de leur départ ou de leur entrée à l'hôpital.

Art. 94.

1. Un supplément de solde de cinq cents francs par an est alloué aux lieutenants de vaisseau ayant douze années de service dans ce grade.

Supplément de solde aux lieutenants de vaisseau ayant douze années de services dans ce grade.

2. Ce supplément est payé dans toutes les positions donnant droit à une solde d'activité. Il n'entre pas dans la quotité de la solde de présence à la mer pour la fixation de la solde de non-activité.

Section II. Indemnités et gratifications

§ 1er *Indemnités de logement et d'ameublement.*

Art. 95.

1. L'indemnité de logement (Tarif n° 36) est due, sauf les exceptions déterminées par les art. 96, 97, 98, 99, 100 et 102 ci-après, en France, en Algérie et dans les colonies, aux officiers et aspirants qui ne sont logés, ni à bord des bâtiments de la flotte, ni dans les immeubles dont l'État, les colonies ou les communes sont propriétaires ou locataires ou qui ne sont ni campés, ni baraqués.

Règles d'allocation des indemnités de logement et d'ameublement.

2. Ceux qui sont logés dans des locaux non meublés ont droit seulement à l'indemnité d'ameublement.

3. L'indemnité de logement est due aux officiers et aspirants embarqués qui sont temporairement obligés de se loger à terre lorsque le bâtiment se trouve dans une des positions prévues par les § 1 et 2 de l'art. 176 ci-après.

4. Elle ne peut être allouée aux officiers auxiliaires que dans les cas déterminés par le 3e § du présent article.

5. L'indemnité de logement est allouée, par continuation, aux officiers de marine employés auprès du Président de la République, du Ministre de la marine et des colonies ou des Amiraux lorsqu'ils sont envoyés en mission à la mer. La concession de cette allocation ne peut excéder le terme de trois mois.

6. Les élèves sortant de l'École polytechnique ou de l'École navale n'ont droit à l'indemnité de logement lorsqu'à la sortie de l'École ils vont en congé, qu'à compter du jour où ils ont rejoint le poste qui leur a été assigné en vertu d'un premier ordre de service.

7. La même disposition est applicable aux élèves-commissaires de la marine nommés aides-commissaires, ainsi qu'aux aumôniers et aux autres fonctionnaires entrant au service de la marine.

Art. 96.

Officiers généraux des divers corps, capitaines de vaisseau et capitaines de frégate sans emploi.

1. Les officiers des différents corps de la marine d'un rang supérieur à celui de capitaine de vaisseau, n'ont droit à l'indemnité de logement qu'autant qu'ils sont chargés d'une mission ou pourvus d'un emploi à terre. Toutefois, l'officier général qui, en vertu des ordres du Ministre, se rend dans un port pour embarquer, a droit à cette indemnité du jour de son arrivée au port jusqu'à celui de son embarquement.

2. Les capitaines de vaisseau et les capitaines de frégate en résidence libre, cessent, dans cette situation, d'avoir droit à l'indemnité de logement. Toutefois, ils reprennent la jouissance de cette allocation lorsqu'ils obtiennent un congé de convalescence ou un congé pour faire usage des eaux thermales ou minérales.

Art. 97.

Officier embarqué en permission.

L'officier ou l'aspirant embarqué absent momentanément du bord par permission, n'a pas droit à l'indemnité de logement pendant la durée de sa permission, s'il n'en jouissait pas au moment du départ.

Art. 98.

Officier changeant de position.

1. L'officier passant de la non-activité à l'activité et celui qui quitte une résidence où il était logé et meublé aux frais de l'État, ont droit à l'indemnité de logement ou d'ameublement à compter du jour de leur arrivée à leur poste.

2. Cette disposition n'est pas applicable aux officiers, fonctionnaires et agents du service colonial appelés à changer de résidence. Ils ont droit à l'indemnité de logement à compter du jour où ils quittent le local qui leur était assigné, à moins qu'ils ne soient embarqués immédiatement pour suivre leur nouvelle destination. Dans ce dernier cas, ils ne peuvent prétendre à l'indemnité de logement qu'à compter du jour de leur débarquement, soit à l'arrivée à destination, soit en France en cours de voyage.

3. Les dispositions du 1er § ne sont pas applicables aux fonctionnaires qui, en quittant une résidence où ils étaient logés ou meublés aux frais de l'État, obtiennent un congé avant de rallier leur nouveau poste. Dans cette situation, ils sont traités conformément aux prescriptions de l'art. 100 ci-après.

Art. 99.

L'officier passant de l'activité à la non-activité, au cadre de réserve, à la retraite ou à la réforme, cesse d'avoir droit à l'indemnité de logement ou d'ameublement à compter du jour où il cesse de recevoir la solde d'activité.

Officier sortant de l'activité.

Art. 100.

1. Les officiers et aspirants en congé, en prolongation de congé, en permission, en mission ou aux hôpitaux ont droit à l'indemnité de logement.

Officiers et aspirants en position d'absence ou en mission.

2. Ceux qui sont logés aux frais de l'État et qui restent titulaires de leur résidence, n'ont pas droit à l'indemnité de logement, mais ils conservent l'indemnité d'ameublement si les meubles ne leur sont pas fournis en nature.

3. Les officiers et aspirants en congé ou en prolongation de congé sans solde n'ont pas droit à l'indemnité de logement.

Art. 101.

L'officier qui, jouissant déjà de l'indemnité de logement, est promu à un grade supérieur, reçoit l'indemnité affectée à son nouveau grade, à compter du jour où il a droit à la solde de ce grade.

Officier nommé à un grade supérieur.

Art. 102.

L'officier démissionnaire cesse d'avoir droit à l'indemnité de

Officier démissionnaire.

logement ou d'ameublement à compter du lendemain du jour où il a reçu l'avis de l'acceptation de sa démission.

ART. 103.

Officier remplissant les fonctions d'un grade supérieur.

L'officier appelé provisoirement à remplir les fonctions d'un grade supérieur au sien n'a droit qu'à l'indemnité de logement ou d'ameublement du grade dont il est pourvu.

ART. 104.

Supplément pour résidence dans Paris et en Algérie.

1. Les suppléments aux indemnités de logement et d'ameublement alloués pour le séjour à Paris et en Algérie, sont dûs à tout officier ayant droit au supplément de solde dans Paris ou à la solde en Algérie s'il est logé ou meublé à ses frais.

2. Les mêmes suppléments sont dûs aux officiers généraux et assimilés quand ils sont pourvus d'un emploi à Paris ou en Algérie.

3. Le supplément à l'indemnité de logement est également alloué, par continuation, aux officiers de marine qui se trouvant à Paris, en service auprès du Président de la République, du Ministre de la marine et des Amiraux, sont envoyés en mission à la mer. La concession de cette allocation, ainsi qu'il est dit à l'art. 20 § 3, ne peut excéder le terme de trois mois.

4. Le supplément aux indemnités de logement et d'ameublement est maintenu aux officiers, lorsqu'étant envoyés en mission, en congé ou en prolongation de congé et admis dans les hôpitaux, ils restent titulaires de leur résidence.

ART. 105.

Supplément pour séjour aux colonies.

1. Le supplément à l'indemnité de logement ou d'ameublement est dû à tout officier qui, étant en service dans les colonies, a droit à la solde coloniale.

2. Ce supplément est maintenu à ces officiers lorsqu'étant envoyés en mission, soit en pays étranger, soit dans une autre colonie, ils restent titulaires de leur résidence.

3. Les officiers embarqués, lorsqu'ils sont obligés de se loger à terre dans les colonies, ont droit à l'indemnité de logement sur le pied colonial.

ART. 106.

Officier n'occupant pas le logement ou ne faisant pas usage des meubles qui lui sont assignés.

1. L'officier qui, sur sa demande, est autorisé à ne pas occuper

le logement qui lui est assigné ne peut prétendre à l'indemnité représentative de logement.

2. Il ne peut prétendre à l'indemnité représentative d'ameublement, s'il ne fait pas usage des meubles qui lui sont fournis.

§ 2. *Indemnité en rassemblement.*

Art. 107.

1. Dans les localités où il existe des rassemblements extraordinaires de troupes, il est accordé aux officiers, aspirants, fonctionnaires ou agents, une indemnité motivée sur la cherté des vivres.

2. Cette allocation qui prend le titre d'indemnité en rassemblement doit être préalablement autorisée par une décision du Président de la République. Elle cesse avec les causes qui l'ont motivée.

3. L'indemnité en rassemblement est fixée, selon les grades ou emplois, par le tarif n° 37 dont les indications constituent un maximum qui peut être réduit selon les circonstances.

4. L'indemnité en rassemblement est due pour les journées passées dans la circonscription du rassemblement. Elle n'est pas due aux officiers, aspirants, fonctionnaires ou agents en permission, en congé, en mission ou à l'hôpital et ne peut être allouée concurremment avec l'indemnité de séjour ou les vivres en nature.

Droit à l'indemnité en rassemblement.

§ 3. *Frais de service attribués aux commissaires et administrateurs de l'incription maritime.*

Art. 108.

1. Les frais de service attribués aux commissaires et administrateurs de l'inscription maritime sont déterminés par le tarif n° 35 annexé au présent décret.

2. En cas d'absence du titulaire à raison de mission, de congé, de permission ou d'entrée à l'hôpital, les frais de service sont conservés au titulaire qui doit pourvoir à toutes les dépenses auxquelles cette indemnité doit faire face.

Droit à l'indemnité de frais de service allouée aux commissaires et administrateurs de l'inscription maritime.

§ 4. *Indemnité spéciale pour mission hydrographique.*

ART. 109.

Droit à l'indemnité spéciale pour mission hydrographique.

1. Lorsque les officiers de marine et les ingénieurs hydrographes chargés d'une mission hydrographique sont embarqués et qu'ils ne peuvent être nourris par les tables du bord, soit par suite de leur éloignement du bâtiment, soit parce qu'il n'existe pas de table d'officiers, ils reçoivent concurremment avec la solde à la mer, l'indemnité de séjour déterminée par l'art. 14 du décret du 12 janvier 1870.

2. Cette indemnité, qui leur tient lieu, dans le dernier cas, de traitement de table, est augmentée de moitié pendant la durée de leur présence sur les lieux d'opération.

3. Dans le cas de mission n'entraînant pas embarquement, les officiers de marine et les ingénieurs hydrographes reçoivent, avec leur solde à terre sur le pied de France et l'indemnité de logement, les frais de séjour sus-mentionnés.

§ 5. *Indemnités de responsabilité aux comptables des matières chargés d'un service et suppléments aux agents placés sous leurs ordres.*

ART. 110.

Droit à l'indemnité de responsabilité allouée aux comptables des matières; durée de la gestion.

1. L'indemnité de responsabilité allouée aux comptables des matières est due pour toute la durée de la gestion.

2. La gestion d'un comptable commence et finit aux jours indiqués par les procès verbaux constatant la prise et la remise du service.

3. Les dispositions du présent article sont applicables aux comptables intérimaires.

ART. 111.

Date à partir de laquelle cette indemnité est payée.

Les indemnités de responsabilité accordées aux comptables des matières et déterminées par le décret constitutif du corps, ne commencent à leur être payées que du jour où ils ont justifié de la réalisation de leur cautionnement.

ART. 112.

Comptables dispensés de fournir le cautionnement réglementaire.

Les agents qui, ayant été admis dans le corps des comptables antérieurement au 1er janvier 1853, sont dispensés de fournir le cautionnement réglementaire, ne reçoivent que les trois quarts de l'indemnité de responsabilité.

ART. 113.

Les indemnités de responsabilité accordées aux comptables des matières sont payées par dixième; savoir :

Aux comptables chargés d'un service :

Un dixième, après l'envoi au Ministre de chacun des relevés des opérations des trois premiers trimestres, en tout trois dixièmes :

Quatre dixièmes, après l'envoi des relevés des opérations du 4e trimestre, tenant lieu de compte de gestion.

Enfin, les trois dixièmes restant, sur l'autorisation donnée par le Ministre, après la vérification du compte à Paris.

Aux préposés comptables :

Deux dixièmes après la remise au comptable chargé du service, de chacun des relevés trimestriels de leurs opérations, en tout huit dixièmes.

Les deux derniers dixièmes après l'envoi au Ministre des relevés des opérations du 4e trimestre tenant lieu de compte de gestion.

Mode de paiement de l'indemnité de responsabilité des comptables.

ART. 114.

1. Les suppléments accordés aux agents placés sous les ordres des comptables chargés d'un service sont payés ainsi qu'il suit :

Deux dixièmes après l'envoi au Ministre de chacun des relevés des opérations des trois premiers trimestres, en tout six dixièmes et les quatre derniers dixièmes, après l'envoi au Ministre du relevé des opérations du 4e trimestre portant récapitulation des opérations de l'année.

2. Les suppléments accordés aux agents placés sous les ordres des préposés comptables sont payés aux mêmes époques que les indemnités de responsabilité allouées à ces préposés comptables.

3. En cas d'absence du titulaire, les suppléments qui font l'objet du présent article sont alloués à l'agent chargé, par ordre, de faire l'intérim.

Époques de paiement de cette indemnité pour les agents placés sous les ordres des comptables.

Art. 115.

Comptable cessant ses fonctions dans le courant d'une année.

Lorsqu'un comptable chargé d'un service cesse ses fonctions dans le courant d'une année, il reçoit, après l'envoi au Ministre, du relevé qui tient lieu de compte, le complément des sept dixièmes de l'indemnité qui lui est due pour la durée de sa gestion pendant l'année. Le paiement des trois derniers dixièmes n'a lieu que sur l'autorisation donnée par le Ministre, après la vérification du compte.

Art. 116.

Suppléments alloués aux agents du service de la comptabilité.

Les suppléments alloués aux agents du service de la comptabilité, sont dus à compter du jour fixé par la décision du Ministre qui les accorde, jusqu'au jour de la cessation des fonctions qui ont motivé l'allocation, ou de la décision du Ministre qui la supprime.

Art. 117.

Pièces à produire pour le paiement des indemnités de responsabilité allouées aux comptables chargés d'un service et pour le paiement des suppléments aux agents placés sous leurs ordres.

1. Le paiement des indemnités de responsabilité allouées aux comptables chargés d'un service, et celui des suppléments qui ont été accordés aux agents sous leurs ordres, ont lieu sur la production d'un certificat du Commissaire général, du Chef de service ou du Directeur de l'établissement de la marine, suivant le cas, constatant l'envoi au Ministre des documents de comptabilité ou de l'extrait de la dépêche du Ministre portant autorisation du paiement.

2. Le paiement des indemnités de responsabilité allouées aux préposés comptables et celui des suppléments qui ont été accordés aux agents placés sous les ordres de ces préposés, ont lieu sur la production d'un certificat du comptable principal, visé par l'autorité administrative, et constatant la remise à ce comptable ou l'envoi au Ministre, suivant le cas, des documents de comptabilité.

3. A l'égard de la partie de l'indemnité tenue en réserve jusqu'à l'arrêté par le Ministre du compte du comptable, on doit se conformer, lorsque le paiement a lieu après la clôture de l'exercice, aux prescriptions concernant les rappels de solde et accessoires de solde payables sur revues.

§ 6. *Indemnités pour frais de bureau.*

Art. 118.

Abonnement alloué à titre de frais de bureau.

Il est pourvu aux fournitures de bureau dans les divers services de la marine par des allocations annuelles en argent fixées à titre d'abonnement.

Art. 119.

Les frais d'abonnement pour les services à terre sont réglés d'après les tarifs nᵒˢ 44 à 48 et ceux pour le service à la mer sont déterminés par les tarifs nᵒˢ 49 et 50 annexés au présent décret.

Tarifs applicables au service à terre et au services à la mer.

Art. 120.

1. Le major général, le commissaire général et les Directeurs, dans les ports militaires, font, entre les divers détails de leur ressort, la répartition des sommes allouées pour le service dirigé par chacun d'eux indépendamment de celles dont l'allocation leur est personnelle.

Répartition, entre les divers services, du montant des frais de bureau alloués, à titre d'abonnement, dans les ports militaires.

2. Cette répartition est établie d'après les bases indiquées dans la 2ᵉ colonne du tarif nᵒ 45 et soumise annuellement par le Vice-Amiral commandant en chef, Préfet maritime, à l'approbation du Ministre. Elle est déposée en original au détail des revues.

Art. 121.

1. Les Chefs du service de la marine dans les ports secondaires et les Directeurs dans les établissements hors des ports, font une semblable répartition entre les officiers et agents sous leurs ordres et la soumettent à l'approbation du Ministre. Une expédition de cette répartition est déposée au détail des revues ou dans les bureaux de l'agent administratif suivant le cas.

Répartition de la même indemnité dans les ports secondaires et dans les établissements de la marine hors des ports.

2. Les autres abonnements, dans quelque localité que ce soit, sont payés aux titulaires qui assurent leur service de la manière qu'ils jugent convenable.

3. Les frais de bureau des commissaires et des administrateurs de l'inscription maritime sont compris dans les frais de service déterminés par l'art. 108 ci-dessus.

Art. 122.

1. Les indemnités pour frais de bureau sont payées aux titulaires présents à leur poste à dater du jour de leur entrée en fonctions.

Les indemnités pour frais de bureau sont allouées au titulaire de la fonction.

2. Toutefois, les titulaires qui s'absentent momentanément en vertu d'une autorisation d'absence régulière, conservent leurs droits à l'indemnité pour frais de bureau pendant tout le

temps de leur absence à la charge par eux de pourvoir aux dépenses auxquelles cette allocation doit faire face.

3. En cas de vacance d'emploi, l'indemnité est due à l'intérimaire.

Art. 123.

Mode de paiement des indemnités accordées à titre personnel.

Les indemnités pour frais de bureau allouées, à titre personnel, sont payées dans toutes les positions donnant droit à la solde de présence, excepté dans le cas de congé à solde entière.

Art. 124.

Mode de décompter l'indemnité pour frais de bureau.

1. Les indemnités pour frais de bureau se décomptent comme la solde et s'acquittent à terme échu, soit par mois, soit par trimestre, suivant les convenances du service.

2. Le paiement des indemnités allouées aux chefs de service et des sommes réparties par eux conformément aux art. 120 et 121 a lieu sur l'acquit de chacune des parties prenantes.

Art. 125.

Fournitures que comprend l'indemnité pour frais de bureau. Format des papiers, registres, etc.

1. Les frais d'abonnement comprennent les fournitures de toute espèce, les papiers, les registres en blanc et le luminaire. (A)

2. Il n'est fourni que les imprimés relatifs à la comptabilité et au service général tels qu'ils sont déterminés par le bordereau général des imprimés arrêté par le Ministre. Toute autre impression est à la charge du fonctionnaire.

3. Les cartons de bureau, les cachets, les timbres et tampons sont à la charge de l'État.

Art. 126.

Fournitures de bureau délivrées en nature à diverses écoles; instruments de mathématiques, livres et prix de fin d'année.

1. Les fournitures de bureau nécessaires à l'enseignement dans les écoles normales et préparatoires de maistrance sont délivrées en nature par la marine.

2. Il en est de même du papier et autres objets nécessaires à l'école de voilerie du port de Brest.

3. Les fournitures pour le service des écoles élémentaires d'apprentis instituées par le décret du 7 avril 1851 sont à la

---

(A) Chaque chef supérieur doit veiller à ce que, dans tous les détails et bureaux placés sous ses ordres, il ne soit fait usage que des fournitures de bureau, papiers et registres de formats convenables et appropriés à leur destination.

charge des professeurs de ces écoles qui reçoivent, à cet effet, les allocations déterminées par le tarif n° 45 annexé au présent décret.

4. Les instruments de mathématiques, les livres et les prix de fin d'année ne sont pas compris dans l'abonnement et sont fournis par le département de la marine.

ART. 127.

1. Ne sont pas considérés comme fournitures de bureau, les papiers, instruments et objets de toute nature nécessaires à l'exécution des plans, atlas et dessins par les dessinateurs des divers ateliers des ports et des établissements hors des ports.

2. Ces papiers, instruments et autres objets sont applicables, comme matières, aux ouvrages exécutés.

3. Ils sont délivrés dans les formes déterminées par le règlement sur la comptabilité des matières.

4. Sont exceptés des dispositions ci-dessus les instruments et fournitures nécessaires à l'exécution des projets et études particulières des officiers du génie maritime qui doivent pourvoir à leur achat au moyen de l'allocation personnelle que leur attribue le règlement.

5. Le Vice-Amiral commandant en chef, Préfet maritime, ou le Directeur de l'établissement doit prendre les mesures nécessaires pour empêcher tout abus par l'emploi à d'autres usages, que ceux auxquels ils sont destinés, des papiers, instruments et divers objets délivrés par la marine.

§ 7. *Indemnités pour perte d'effets et de matériel de table.*

ART. 128.

Les pertes d'effets éprouvées par les officiers, aspirants, fonctionnaires ou agents dans des naufrages ou échouements, et dans d'autres circonstances dérivant d'un service commandé, par suite d'évènement de force majeure, dûment constaté, n'ouvrent de droit à l'indemnité qu'en vertu d'une décision spéciale du Ministre de la marine, rendue sur un rapport motivé.

ART. 129.

Les dispositions de l'article précédent sont applicables aux officiers, aspirants, fonctionnaires ou agents embarqués comme passagers, soit à bord des bâtiments de l'État, soit à bord des navires du commerce, à raison d'un service commandé ou d'un congé donnant droit au passage aux frais de l'État.

Art. 130.

Pertes de matériel de table.

Dans les conditions déterminées par l'art. 128 ci-dessus, il peut être alloué des indemnités pour perte de matériel de table aux officiers commandants ainsi qu'aux diverses tables de bord lorsque le matériel n'a pas été fourni par l'État.

Art. 131.

Mode d'allocation de l'indemnité pour pertes d'effets ou de matériel de table.

L'indemnité (tarif n° 40) est allouée :
Soit pour perte totale ;
Soit pour pertes partielles.

Art. 132.

Justification des pertes.

1. Le procès-verbal des pertes à bord des bâtiments de l'État et les demandes concernant les allocations d'indemnité, conformément aux classifications du tarif, sont établis par le Conseil d'administration du bord ou le capitaine comptable, sauf le cas où il s'agit de pertes éprouvées par un officier général.

2. A l'égard des bâtiments placés sous les ordres d'un officier général ou d'un capitaine de vaisseau chef de division ou d'un Gouverneur de colonie, le procès-verbal est visé par l'officier général, par le chef de division ou par le Gouverneur et accompagné de leur avis motivé.

3. A l'égard des bâtiments placés sous les ordres des Vice-Amiraux commandant en chef, Préfets maritimes, le procès-verbal est visé par le Préfet, et accompagné de son avis motivé.

4. A terre, le procès-verbal et la demande sont établis par l'autorité sous les ordres de laquelle l'intéressé se trouve placé. Le procès-verbal est visé, suivant le cas, par le Vice-Amiral commandant en chef, Préfet maritime, le Chef du service ou le Directeur de l'établissement de la marine en France et, dans les colonies, par le Gouverneur ou le Commandant de la colonie.

Le tout est transmis au Ministre.

5. Les pertes éprouvées par les officiers généraux commandants sont constatées par leur rapport adressé au Ministre.

6. A bord des navires du commerce, la perte est constatée par un procès-verbal signé par le capitaine et par les principaux

de l'équipage. Ce procès-verbal est transmis au Ministre avec la demande de l'intéressé.

ART. 133.

Sauf le cas d'empêchement résultant de force majeure, toute constatation de pertes pour justifier la demande d'indemnité doit être faite dans le délai d'un mois, après l'événement.

Délai dans lequel elle doit être produite.

ART. 134.

En cas d'urgence reconnue, les commandants en chef d'armée, d'escadre ou de division navale, les capitaines des bâtiments isolés et les gouverneurs ou commandants de colonie sont autorisés à faire payer aux parties intéressées, après les constatations établies conformément aux deux précédents articles, un à-compte qui ne peut excéder la moitié de l'indemnité demandée pour chacune d'elles. Il en est rendu compte immédiatement au Ministre.

A-compte à payer en cas d'urgence.

§ 8. — *Frais de premier établissement des Gouverneurs, des commandants de colonie et des évêques.*

ART. 135.

Il est alloué aux gouverneurs, commandants de colonie et évêques, à titre de frais de premier établissement, une indemnité dont la quotité est déterminée par le tarif n° 42, annexé au présent décret.

Frais de premier établissement des gouverneurs, des commandants de colonie et des évêques.

§ 9. — *Indemnités de représentation.*

ART. 136.

1. Les indemnités de représentation déterminées par le tarif n° 31, ne sont payées intégralement aux officiers ou fonctionnaires auxquels elles sont allouées que pour le temps de leur présence à leur poste ou pendant la durée de leur mission dans l'étendue de leur circonscription.

2. En cas d'absence du titulaire, même en permission, l'indemnité est allouée dans les proportions suivantes :

Un quart au titulaire de la fonction, trois quarts à l'intérimaire.

Durée de l'allocation attribuée à titre de frais de représentation.

Art. 137.

Inspecteurs généraux.

Les frais de représentation à allouer aux vice-amiraux ou contre-amiraux chargés de missions d'inspection générale, sont fixés par le Ministre de la marine, à raison de l'importance et de la durée de chaque mission.

Art. 138.

Amiraux commandant à la mer.

1. L'amiral, commandant une armée navale, ou le vice-amiral pourvu d'une commission d'amiral, reçoit à titre de traitement extraordinaire, des frais de représentation, tenant lieu de tout traitement de table.

2. Ces frais de représentation sont fixés par décret du Président de la République.

§ 10. — *Indemnité représentative du chauffage et de l'éclairage.*

Art. 139.

Mode de chauffage et d'éclairage des locaux occupés par les Vice-Amiraux commandant en chef, Préfets maritimes, les chefs de service dans les ports secondaires, et les directeurs dans les établissements de la marine situés hors des ports.

1. Les Vice-Amiraux commandant en chef, Préfets maritimes, les chefs du service dans les ports secondaires et le commandant de la marine en Algérie, reçoivent, à titre de fournitures de chauffage et d'éclairage, les allocations déterminées par le tarif n° 51, annexé au présent décret.

2. Au moyen dudit abonnement, ces fonctionnaires pourvoient au chauffage et à l'éclairage, quelqu'en soit le mode, des pièces intérieures de leurs hôtels (salons, salles à manger, chambres d'habitation, antichambres, cuisines, couloirs, corridors intérieurs, etc.), y compris leur cabinet, leur secrétariat, le bureau des aides de camp et les salles de conseïls; aucune délivrance en nature ne peut leur être faite par les magasins de la marine.

3. Dans les établissements situés hors des ports, la fourniture de chauffage et de luminaire pour les maisons, salles de conseil et bureaux des directeurs, est faite en nature.

Art. 140.

Chauffage et éclairage des bureaux des services administratifs et de l'inscription maritime dans les ports secondaires.

Les fournitures de chauffage et d'éclairage pour les divers bureaux des services administratifs et de l'inscription maritime dans les ports secondaires sont réglées par abonnement. Elles sont comprises, en ce qui concerne les quartiers d'inscription maritime dans l'allocation prévue par l'art. 108 sous le titre : *Indemnité pour frais de service.*

ART. 141.

I. Les concierges et portiers de chaque hôtel de préfecture maritime reçoivent, chacun, pour leur tenir lieu de fournitures de chauffage et d'éclairage de leur poste, une allocation en argent déterminée par le tarif n° 51 annexé au présent décret.

2. La même indemnité peut être allouée par le Ministre, sur la proposition des conseils d'administration, aux gardiens des postes donnant droit à ces fournitures qui seraient éloignés des lieux de consommation.

3. Dans les localités autres que les ports militaires, les agents occupant des postes donnant droit aux allocations de chauffage et d'éclairage et dont l'état sera également arrêté par le Ministre, recevront, pour leur en tenir lieu, la même indemnité.

Indemnité en argent allouée en remplacement du chauffage et de l'éclairage en nature, à divers agents de la marine.

ART. 142.

I. Le paiement de l'indemnité de chauffage et d'éclairage est fait à terme échu et par dix-huitièmes ; savoir :

2/18os pour chaque mois, du 1er octobre au 31 mars.

1/18e pour chaque mois, du 1er avril au 30 septembre.

2. L'indemnité est payée au fonctionnaire titulaire ; s'il s'absente en vertu d'une autorisation régulière, il conserve ses droits à l'indemnité de chauffage et d'éclairage pendant tout le temps de son absence, à la charge par lui de pourvoir aux dépenses auxquelles cette allocation doit faire face.

3. En cas de vacance d'emploi, l'indemnité est due à l'intérimaire.

Mode de paiement de l'indemnité de chauffage et d'éclairage.

CHAPITRE IX

Privation de solde

ART. 143.

L'officier, aspirant, fonctionnaire ou agent qui s'absente de son poste sans autorisation régulière ne reçoit aucune solde pour le temps de son absence.

Absence irrégulière.

ART. 144.

1. L'officier, aspirant, fonctionnaire ou agent qui, se rendant à son poste, avec ou sans frais de route, n'a pas rejoint dans les délais fixés par sa feuille de route, n'a droit, sauf le cas d'empêchement légitime et dûment constaté, à aucune solde pour le temps qui s'est écoulé depuis l'expiration de ses délais de route.

2. La même disposition est applicable aux officiers en mission qui dépassent le temps fixé pour la durée de leur mission.

ART. 145.

Les fonctionnaires et agents du service métropolitain à la nomination du Ministre ou des autorités locales n'ont droit à aucune solde lorsqu'ils sont suspendus de leurs fonctions par mesure de discipline.

ART. 146.

1. Les fonctionnaires et agents du service colonial nommés par le Président de la République ou par le Ministre de la marine, ne peuvent subir, lorsqu'ils sont suspendus provisoirement de leurs fonctions par mesure de discipline et en attendant une décision supérieure, une privation de solde excédant la moitié de leur traitement colonial, pendant leur séjour dans la colonie où ils étaient en fonctions et de leur traitement d'Europe pendant la traversée ou leur séjour hors de ladite colonie.

2. Les fonctionnaires ou agents à la nomination des Gouverneurs ou Commandants de colonie n'ont droit à aucune solde lorsqu'ils sont suspendus de leurs fonctions par mesure disciplinaire.

ART. 147.

La privation de solde est étendue aux officiers, aspirants, fonctionnaires et agents qui se trouvent dans l'un des cas d'exception spécifiés aux articles 60, 80, 82 et 84 du présent décret.

ART. 148.

Dans tous les cas prévus au présent chapitre, la privation de solde entraîne la privation d'une part proportionnelle des accessoires de la solde.

TITRE II

Traitement de table

—

CHAPITRE PREMIER

Traitement de table des commandants d'armée, d'escadre ou de division navale.

Art. 149.

L'amiral commandant une armée navale ou le vice-amiral pourvu d'une commission d'amiral reçoit, ainsi qu'il est dit à l'article 138, des frais de représentation tenant lieu de traitement de table.

Amiral commandant une armée navale ou vice-amiral pourvu d'une commission d'amiral.

Art. 150.

Il est alloué aux officiers généraux pourvus d'un commandement à la mer en chef ou en sous-ordre et aux capitaines de vaisseau commandant des divisions navales un traitement de table (tarif nº 38, 1ʳᵉ colonne), à la charge par eux de recevoir à leur table, suivant les cas, le capitaine de pavillon, les officiers supérieurs (capitaines de vaisseau ou de frégate) attachés à leur état-major et le capitaine de frégate remplissant les fonctions de second.

Officiers généraux pourvus d'un commandement à la mer et capitaines de vaisseau commandant des divisions navales.

Art. 151.

1. Les officiers supérieurs du commissariat de la marine, du génie maritime et du service de santé, embarqués en vertu d'une commission spéciale du Ministre, pour exercer les fonctions de commissaire, d'ingénieur ou de médecin en chef ou principal d'une armée, escadre ou division navale, sont admis à la table du vice-amiral, du contre-amiral ou du capitaine de vaisseau pourvu d'un commandement dans lesdites armée, escadre ou division.

Officiers supérieurs du commissariat, du génie maritime et du service de santé attachés aux états-majors généraux; aumôniers.

2. Dans ce cas, il est alloué au vice-amiral, au contre-amiral ou au capitaine de vaisseau, en supplément au traitement de table, tel qu'il est fixé par l'article précédent, une indemnité pour chacun de ces chefs de service pendant la durée de leur présence à bord (Tarif nº 38).

3. Lorsqu'en vertu des dispositions de l'article 89 du décret

du 20 mai 1868, (A) ces chefs de service sont embarqués sur un bâtiment autre que celui du commandant en chef, ils sont admis à la table du capitaine de ce bâtiment, qui reçoit pour frais de table de chacun d'eux, et pendant la durée de leur présence à bord, l'indemnité sus-mentionnée.

4. La même indemnité est allouée pour l'aumônier qui est placé à la tabled'un officier général ou d'un officier commandant.

Art. 152.

Officier général portant momentanément son pavillon sur un autre bâtiment.

1. Toutes les fois que l'officier général commandant en chef quitte le bâtiment pour porter momentanément son pavillon sur un des bâtiments de la force navale qu'il commande, il continue de faire tenir sa table à bord de son bâtiment, en même temps qu'il la tient à bord du bâtiment sur lequel il arbore momentanément son pavillon ou son guidon.

2. Ce mouvement entraîne les modifications suivantes dans les décomptes du traitement de table.

1° Le commandant en chef admet à sa table, le capitaine du bâtiment sur lequel il porte momentanément son pavillon ou son guidon, quel que soit le grade de cet officier, ainsi que les personnes qui étaient nourries à la table de ce commandant. Indépendamment du traitement de table auquel il avait droit, le commandant en chef reçoit, pour chaque personne nouvellement admise à sa table, l'allocation déterminée par l'article 151 ci-dessus.

2° Le commandant du bâtiment cesse d'avoir droit aux allocations de traitement de table qui lui étaient attribuées, soit pour lui, soit pour les personnes qui prenaient place à sa table et ne peut prétendre qu'à la moitié du traitement de table personnel. S'il est capitaine de vaisseau, cette allocation est basée sur l'indemnité attribuée à un officier de ce grade, commandant mais n'ayant pas d'officier supérieur pour second.

(A) Décret du 20 mai 1868, article 89. Si le Ministre ne s'en est pas réservé la désignation, le commandant en chef désigne les bâtiments qui porteront le pavillon des officiers généraux employés en sous-ordre et ceux sur lesquels doivent être embarqués les chefs de service placés sous ses ordres. L'officier d'administration qui dirige le service est seul obligatoirement embarqué sur le bâtiment monté par le commandant en chef.

Art. 153.

1. L'officier général nommé à un commandement en chef reçoit le traitement de table affecté à cette position, sur les rades de France s'il y prend effectivement son commandement, à partir du jour où il arbore son pavillon, et à l'extérieur, à dater du jour où il mouille pour la première fois dans un lieu quelconque de la circonscription de son commandement. Avant cette époque, il reçoit le traitement de table alloué à l'officier général de son grade employé en sous-ordre, à moins qu'il ne soit embarqué comme passager, conformément aux dispositions de l'article 68 § 3 du décret du 20 mai 1868 (A).

2. Lorsque l'officier général opère son retour en France, il conserve le traitement de table de commandant en chef jusqu'au jour où il amène son pavillon.

3. Les dispositions qui précèdent sont applicables au capitaine de vaisseau chef d'une division navale qui ne reçoit le traitement de table attribué à cette position que dans les cas où l'officier général aurait droit au traitement de commandant en chef.

Officier général allant prendre ou quittant un commandement en chef et capitaine de vaisseau chef de division navale avant la prise ou après la remise de son commandement.

Art. 154.

Lorsque par la teneur de ses lettres de service, l'officier général est placé sous les ordres d'un officier général d'un grade supérieur au sien ou d'un officier général plus ancien dans le même grade, il n'a droit qu'au traitement de table attribué aux officiers généraux commandant en sous-ordre, alors même qu'il serait temporairement éloigné du commandant en chef ou qu'il le remplacerait par intérim.

Officier général employé en sous-ordre.

Art. 155.

L'officier général employé en sous-ordre a droit au traitement de table affecté à sa position à compter du jour où il arbore son pavillon et jusqu'au jour où il l'amène.

Date de l'entrée en jouissance et de la cessation du droit au traitement de table pour l'officier général employé en sous-ordre.

(A) Décret du 20 mai 1868, article 68 § 3. Lorsque pour aller prendre possession d'un commandement ou pour suivre une nouvelle destination en quittant un commandement, un officier général embarque sur un bâtiment qui ne fait pas partie de la force navale qu'il est appelé à commander ou qu'il vient de commander, cet officier général n'est embarqué que comme passager sur le bâtiment qui le transporte.

ART. 156.

Officier général en sous-ordre ou capitaine de vaisseau chef de division navale portant momentanément son pavillon ou son guidon sur un autre bâtiment.

Les dispositions de l'article 152 sont applicables aux officiers généraux commandant en sous-ordre et aux officiers supérieurs chefs de divisions navales.

CHAPITRE II

Traitement de table des capitaines de bâtiment.

ART. 157.

Capitaines des bâtiments armés.

1. Il est alloué à l'officier chargé du commandement à bord de chaque bâtiment de l'Etat un traitement de table réglé d'après son grade et d'après la position du bâtiment (tarif n° 38 première colonne).

2. Au moyen des allocations déterminées par ledit tarif, les capitaines de vaisseau commandants, reçoivent à leur table l'officier remplissant à bord les fonctions de second, s'il est officier supérieur.

3. L'officier commandant, quelque soit son grade, reçoit, pour les officiers supérieurs autres que le capitaine de frégate second, ainsi que pour l'aumônier du bâtiment l'allocation spéciale déterminée par le même tarif.

4. Les dispositions du présent article ne sont pas applicables aux capitaines de pavillon admis à la table de l'officier général ainsi qu'il est dit à l'article 150 ci-dessus.

5. Tous les membres d'une commission quels que soient leur grade et le but de leur mission sont indistinctement admis à la table de l'officier commandant le bâtiment à qui il est payé pour chaque membre une indemnité prévue au tarif n° 38.

6. Le capitaine de frégate exerçant par suite de circonstances quelconques, un commandement dévolu par les réglements à un capitaine de vaisseau et ayant pour second, dans cette position, un officier de son grade qu'il doit nourrir à sa table, reçoit l'allocation de traitement de table attribuée à son grade et pour l'officier supérieur admis à sa table l'indemnité spéciale déterminée par le tarif.

ART. 158.

Le traitement de table des capitaines de bâtiments en première catégorie de réserve stationnés sur rade est fixé aux trois quarts de l'allocation prévue par la 1re colonne du tarif.

ART. 159.

1. Le capitaine d'un bâtiment absent par permission ou par suite d'entrée à l'hôpital reçoit, lorsque le bâtiment est présent sur rade, le traitement de table déterminé par le tarif n° 38 pour l'officier commandant en mission hors du bord, à charge par lui de continuer, s'il y a lieu, à nourrir à sa table les officiers qui y sont admis de droit.

2. Dans ce cas, le commandant provisoire, s'il est lieutenant ou enseigne de vaisseau, continue à prendre place à la table de l'état-major du bâtiment.

3. Lorsque le bâtiment prend la mer, laissant à terre, en permission ou à l'hôpital, l'officier pourvu titulairement du commandement, l'allocation de traitement de table dévolue au commandant titulaire est partagée entre lui et l'officier intérimaire dans la proportion suivante :

Un quart est alloué à l'officier pourvu titulairement du commandement

Les trois quarts sont payés au commandant provisoire.

4. Le quart alloué au commandant titulaire est destiné à indemniser cet officier de l'usage de son matériel de table qu'il est tenu de mettre, dans le sens le plus étendu, à la disposition de l'intérimaire, lequel, au moyen des trois quarts du traitement de table dont le payement lui est effectué, doit tenir la table et solder les agents de service du commandant au prorata du nombre de journées de traitement de table qui lui sont payées.

5. Lorsque le bâtiment se trouve dans le port dans une des positions prévues par les articles 175 et 176 ci-après, le commandant continue, en cas d'absence par permission ou par suite d'entrée à l'hôpital, à recevoir le traitement de table afférent à la position du bâtiment.

6. Ce même traitement de table lui est alloué, si, pendant la durée de son absence, ou pendant son séjour à l'hôpital, le bâtiment rentre dans le port dans une des positions prévues par le règlement.

Art. 160.

Capitaine d'un bâtiment stationné sur rade qui porte le guidon d'un commandant supérieur résidant à terre.

Le capitaine d'un bâtiment de l'Etat stationné sur une rade reçoit l'intégralité du traitement de table, alors même qu'un commandant supérieur résidant à terre arbore son guidon sur ce bâtiment.

Art. 161.

Capitaines de prises et officiers chargés de ramener en France des navires du commerce.

Il est alloué au capitaine de prise un traitement de table fixé, d'après son grade, conformément au tarif n° 38.

La même disposition est applicable aux officiers de marine qui sont chargés de ramener en France des navires du commerce.

Art. 162.

Admission à la table du capitaine d'un officier inférieur lorsque cet officier se trouve seul pour composer la table de l'état-major. Exception lorsque ladite table est constituée.

1. Lorsqu'à bord d'un bâtiment il ne se trouve qu'un seul officier en dehors du capitaine, cet officier est admis à la table de l'officier commandant qui reçoit, pour lui, l'allocation spéciale déterminée par le tarif n° 38.

2. Dans les cas prévus aux articles 175 et 176 du présent décret, l'officier ou aspirant qui avait été admis à la table du capitaine reçoit directement l'allocation de traitement de table réglementairement attribuée à son grade.

3. Si, par suite de décès, de départ en permission ou d'entrée à l'hôpital etc., la table de l'état-major ne se compose plus momentanément que d'un seul membre, cet officier n'est pas admis à la table du capitaine du bâtiment : il continue à tenir la table de l'état-major et il reçoit une allocation double de celle qui est attribuée aux membres de ladite table.

Art. 163.

Capitaine de bâtiment promu en cours de campagne.

1. L'officier commandant qui reçoit un avancement en grade pendant la durée d'une campagne a droit au traitement de table de son nouveau grade à compter du jour où lui parvient la notification dudit avancement.

2. Cette disposition est applicable au capitaine de vaisseau promu au grade d'officier général. Dans ce cas, il reçoit le traitement de table alloué au contre-amiral employé en sous-ordre.

CHAPITRE III

**Traitement de table des officiers composant les états-majors
et traitement de table des aspirants.**

ART. 164.

I. Il est alloué à chacun des officiers faisant partie de l'état-major d'un bâtiment, et à chacun des aspirants et autres nourris à la table dite des aspirants un traitement de table dont la quotité est fixée par le tarif n° 38.

2. Le décompte est établi collectivement pour chacune des deux tables, et le paiement en est fait par les soins du Conseil d'administration à la personne qui, étant chargée de diriger le service de la table, conformément aux dispositions de l'article 392 du décret du 20 mai 1868 (A) est accréditée à cet effet par le Conseil d'administration du bord.

3. Les décomptes arriérés sont, en fin d'exercice ou de campagne, et en l'absence des ayants-droit, versés collectivement à la caisse des gens de mer, au profit de chaque table, pour être payés ultérieurement à l'officier qui aura, en dernier lieu, été chargé de diriger le service de la table.

En cas de décès ou de radiation des contrôles de cet officier, le paiement est effectué entre les mains du plus ancien en grade des membres de la table présents en France et au service.

4. Lorsque, en fin de campagne, une table se trouve en dette,

(A) Décret du 20 mai 1868, article 392. Chacun des officiers à son tour, est chargé de diriger le service de la table, sauf pendant l'armement où l'officier en second et l'officier d'administration n'y concourent pas. L'ordre des tours est déterminé par le sort ; toutefois sur les bâtiments où plus de quatre personnes concourent à ce service, le plus ancien des officiers de vaisseau en est exempt. La durée de chaque gestion est d'un mois au moins, de deux mois au plus.

Les comptes de la table sont examinés à la fin de chaque gestion et chaque fois qu'un mouvement a lieu dans le personnel de la table, par une commission composée du plus ancien officier de vaisseau de la table et de deux autres officiers désignés par le sort. L'officier chargé de diriger le service de la table ne peut faire partie de cette commission.

Lorsqu'un mouvement a lieu dans l'état-major, l'officier nouvellement embarqué prend pour ce service le rang de l'officier qu'il remplace.

Le compte de chacun d'eux avec l'administration de la table est réglé au jour du mouvement.

la reprise du trop payé n'a pas lieu collectivement. Elle s'opère sur la solde individuelle des officiers présents à bord.

ART. 165.

Officier ou aspirant promo à un grade supérieur en cours de campagne.

1. L'officier ou aspirant qui reçoit un avancement en grade pendant la durée d'une campagne a droit au traitement de table de son nouveau grade à compter du jour où parvient au capitaine la notification dudit avancement, et où l'officier ou l'aspirant promu entre dans l'exercice des nouvelles fonctions qui déterminent un changement de table. Cette date est constatée sur le rôle d'équipage.

2. Le lieutenant de vaisseau promu au grade de capitaine de frégate passe à la table du capitaine à compter du jour où celui-ci reçoit l'avis officiel de cette nomination. Si le commandement n'est pas exercé par un capitaine de vaisseau, ou si, le commandement étant exercé par un capitaine de vaisseau, les fonctions de second à bord sont déjà remplies par un capitaine de frégate, il est alloué à l'officier commandant, à titre de supplément de traitement de table, une indemnité spéciale déterminée par le tarif n° 38.

3. Si les fonctions de second n'étaient pas remplies par un officier supérieur et si l'officier promu devient le second du bâtiment, le capitaine de vaisseau reçoit le traitement de table attribué par le tarif à un officier de son grade ayant un officier supérieur pour second. Dans le cas contraire, c'est-à-dire si l'officier promu ne prend pas les fonctions de second, le commandant reçoit, pour cet officier, à titre de supplément de traitement de table, l'indemnité spéciale prévue par le tarif n° 38.

ART. 166.

Aspirant chef de quart admis à la table de l'état-major. Table des aspirants.

1. Tout aspirant remplaçant par ordre, un officier faisant partie de l'état-major et chargé comme tel d'un quart est admis à la table de l'état-major avec le traitement alloué à cette table.

2. Lorsqu'à bord d'un bâtiment le nombre réglementaire des aspirants est inférieur à quatre (y compris l'aide médecin s'il y en a un) les aspirants et assimilés sont admis à la table de l'état-major qui reçoit pour eux l'allocation déterminée pour les officiers de ladite table.

3. La même mesure est appliquée, après décision du Ministre,

lorsqu'il y a impossibilité d'installer la table des aspirants à bord d'un bâtiment.

4. Si, par suite de décès, de départ en permission, d'entrée à l'hôpital etc., le nombre des aspirants ou assimilés est inférieur à quatre (y compris l'aide médecin) les aspirants continuent à tenir leur table. Toutefois, lorsqu'il ne reste plus à bord qu'un seul aspirant ou assimilé, la table des aspirants est dissoute et le membre qui la composait est admis à la table de l'état-major.

5. Dans les cas prévus aux articles 176 et 177 du présent décret, l'aspirant ou assimilé qui avait été admis à la table de l'état-major reçoit directement l'allocation de traitement de table réglementairement attribuée à son grade.

CHAPITRE IV

Suppléments au traitement de table.

Art. 167.

Le traitement de table fixé par les articles 150, 151, 157, 161 et 164 est porté à la quotité déterminée par la deuxième colonne du tarif n° 38 à compter du jour où, en vertu des instructions données par le Ministre au capitaine, les bâtiments ont mouillé dans un des ports des Iles britanniques ou de l'Islande, dans un des ports de la côte du Maroc sur l'Océan Atlantique; dans l'un des ports de la côte orientale d'Amérique au nord de la pointe de la Floride y compris Terre-Neuve; dans l'un des ports de la mer Baltique; dans l'un des ports des îles Açores; dans l'un des ports de la Grèce, de la Turquie et des possessions de cette puissance dans le Levant y compris l'Egypte; dans l'un des ports situés à l'embouchure du Danube.

Parages donnant droit au traitement de table fixé par la 2e colonne du tarif.

Art. 168.

Le traitement de table fixé par les mêmes articles est porté à la quotité déterminée par la troisième colonne du même tarif à compter du jour où, pour les causes indiquées au précédent article, les bâtiments ont mouillé dans un des ports des conti-

Parages donnant droit au traitement de table fixé par la 3e colonne du tarif.

nents ou Iles d'Amérique ou d'Afrique sur l'Océan Atlantique, autres que ceux qui sont désignés par cet article ou dans un des ports situés au-delà du cap Horn ou du cap de Bonne-Espérance.

ART. 169.

Bâtiments traversant l'Isthme de Suez.

Les bâtiments qui traversent l'Isthme de Suez ont droit, pendant cette traversée, au traitement de table déterminé par la colonne n° 2 du tarif. Ceux qui viennent de la Méditerranée ne reçoivent le traitement sur le pied de la colonne n° 3 qu'à compter du jour de l'arrivée à Suez et ceux qui viennent de la mer Rouge ne cessent les allocations de la colonne n° 3 que le jour où ils quittent ce dernier port pour traverser l'Isthme.

ART. 170.

Cessation du traitement de table sur le pied colonial.

Le traitement de table est ramené à la quotité déterminée par la première colonne du tarif, du jour où le bâtiment touche à l'un des ports situés dans les parages autres que ceux indiqués par les articles 167 et 168.

ART. 171.

Destinations mixtes.

En cas de destinations mixtes, le supplément varie d'après les divers points sur lesquels les bâtiments ont mouillé.

ART. 172.

Relâches pour motifs de force majeure.

Dans le cas de relâche pour motifs de force majeure, l'augmentation du traitement de table déterminé par les articles 167 et 168, n'est allouée qu'après décision du Ministre de la marine, rendue sur le rapport de l'officier général ou commandant et seulement pour le temps de la relâche.

ART. 173.

Avis à donner, au port comptable, des relâches par suite de circonstances de force majeure ou en vertu des instructions du Ministre.

Pour assurer l'application des dispositions contenues dans les articles 167, 168 et 172, les états de mouvements de bâtiment qui s'expédient au port comptable de la dépense devront mentionner exactement si les relâches faites ont eu lieu en vertu d'instructions données par le Ministre aux capitaines ou indiquer les circonstances de force majeure qui ont nécessité la relâche.

CHAPITRE V

Dispositions communes au traitement attribué aux différentes tables.

ART. 174.

Le droit au traitement de table commence le jour de la sortie du port et cesse le jour de la rentrée dans le port, sauf les exceptions déterminées par les deux articles suivants.

Durée de l'allocation du traitement de table.

ART. 175.

1. Le traitement de table est alloué intégralement, pour les bâtiments à vapeur à dater du jour de la sortie du port pour l'essai des machines ou pour la régulation des compas et cesse le jour de la rentrée dans le port après les essais terminés ou la régulation des compas effectuée.

Bâtiment à vapeur faisant ses essais ou opérant la régulation de ses compas.

2. Toutefois, lorsque, pendant la durée de ces opérations, le bâtiment rentre dans le port et y séjourne, sans interruption, pendant plus d'un mois, l'allocation est maintenue mais seulement dans la limite de ce mois, jusqu'au jour où le bâtiment sort de nouveau du port. Pendant les séjours du bâtiment dans le port, il est fait application au capitaine et au second des dispositions du § 1er de l'article suivant.

ART. 176.

1. Lorsqu'un bâtiment après achèvement de son armement, et après sa sortie du port, rentre dans un des ports de la métropole, pour toute autre cause que le désarmement ou la mise dans l'une des catégories de réserve, le traitement de table continue d'être alloué pour les différentes tables du bord, sous les modifications énoncées ci-après jusqu'au jour où le bâtiment sort de nouveau du port ou reçoit l'ordre de procéder aux opérations de désarmement ou de passage dans la réserve. Le traitement de table alloué au capitaine est réduit conformément aux indications du tarif n° 38, et l'officier en second, lorsqu'il est capitaine de frégate, ainsi que les officiers supérieurs et l'aumônier reçoivent directement le traitement de table fixé par ledit tarif.

Bâtiment rentrant momentanément dans un port.

2. Les dispositions du présent paragraphe sont applicables à tout bâtiment en cours de campagne que les officiers sont obligés

de quitter momentanément pour cause de réparations ou toute autre cause de force majeure.

3. Lorsqu'un bâtiment portant le pavillon d'un officier général ou le guidon d'un chef de division commandant en chef rentre dans le port pour y subir des réparations et qu'il ne se trouve pas sur rade un autre bâtiment dépendant du même commandement, le capitaine de pavillon, les officiers supérieurs et l'aumônier qui étaient admis à la table de l'amiral ou du chef de division reçoivent directement, pendant la durée du séjour dans le port, s'ils ne cessent pas de figurer sur le rôle d'équipage, le traitement de table fixé par le tarif précité. Dans ce cas, l'officier général ou le chef de division continue à recevoir intégralement au titre du bâtiment, son traitement de table sous la déduction des sommes payées directement aux officiers qui étaient admis à sa table.

4. Tout bâtiment qui rentre dans le port pour quelque motif que ce soit, s'il vient à recevoir l'ordre de procéder aux opérations de désarmement ou de passer dans la réserve, cesse d'avoir droit au traitement de table à partir de la date à laquelle cet ordre lui est notifié.

5. Si le bâtiment entre dans le port pour cause de désarmement, le droit au traitement de table cesse du jour de son entrée dans le port à moins que l'équipage ne doive passer en entier sur un autre bâtiment présent dans le port et destiné à le remplacer dans sa mission. Dans ce dernier cas, les diverses tables du bord reçoivent le traitement de table fixé par le § 1er du présent article.

Art. 177.

Bâtiments armés dans les ports de commerce.

Pour les bâtiments armés dans les ports du commerce, le traitement de table court à compter du jour de l'ouverture du rôle d'équipage, ordonnée par le chef du service de la marine. Jusqu'au jour où le bâtiment est mis en rade ou prend la mer, il est fait application des dispositions du 1er § de l'article 176.

Art. 178.

Officiers, aspirants et assimilés absents du bâtiment

Le droit à l'allocation du traitement de table continue pour l'officier, aspirant ou assimilé, absent du bord par permission à solde entière, sauf l'exception prévue pour le capitaine par l'article 159 ci-dessus.

Ce droit est interrompu pour l'officier, aspirant ou assimilé en traitement à l'hôpital ou absent du bord par suite de mission donnant droit à des indemnités de séjour.

Art. 179.

L'officier général et l'officier commandant lorsqu'ils sont momentanément détachés en mission reçoivent cumulativement avec les indemnités de route et de séjour, un traitement de table réduit déterminé par le tarif n° 38 à la charge par eux de pourvoir, s'il y a lieu, pendant leur absence, à la nourriture des officiers admis à leur table conformément aux dispositions des articles 150 et 157.

Officiers généraux et commandants détachés en mission.

Art. 180.

1. Le traitement de table est augmenté d'une journée pour tous les bâtiments qui coupent le méridien du 180° degré de l'Ouest à l'Est, c'est-à-dire que les décomptes sont mis en concordance avec le nombre de jours de rations délivrées.

2. La même allocation est diminuée d'un jour pour tous les bâtiments qui coupent une fois le premier méridien de l'Est à l'Ouest.

3. Cette augmentation et cette diminution ne sont pas applicables aux bâtiments, qui, dans le cours d'une même campagne, auront coupé le premier méridien en allant et en revenant.

Bâtiments coupant le méridien du 180° degré.

Art. 181.

Les décomptes du traitement de table sont établis par jour, à raison du nombre de jours effectifs de chaque mois. Ils sont mandatés au nom du Conseil d'administration ou du capitaine comptable du bâtiment.

Décompte du traitement de table.

TITRE III

Avances de solde et de traitement de table

Art. 182.

1. Il est payé des avances de solde, aux officiers, aspirants, ou assimilés embarqués et des avances de traitement de table, sur le pied de la colonne n° 1, aux différentes tables du bord,

Avances de solde à payer aux officiers, aspirants ou assimilés embarqués. Avances de traitement de table aux différentes tables du bord.

au moment où les bâtiments sont expédiés des ports de France pour les destinations ci-après indiquées, savoir :

Quatre mois pour les ports et parages situés au delà du cap de Bonne-Espérance ou du cap Horn.

Trois mois pour le Brésil et la Plata.

Deux mois pour l'Islande, Terre-Neuve, les États-Unis d'Amérique, le golfe du Mexique, les Antilles, la Guyane, la Côte occidentale d'Afrique, les Açores et les ports de la Baltique.

Un mois pour toute autre destination.

2. Lorsque le bâtiment qui se rend en Cochinchine, en Chine, dans l'Inde, à la Réunion, à Mayotte et à Nossi-bé ainsi qu'à Sainte-Marie de Madagascar, passe par le canal de Suez, les avances sont réduites à trois mois.

3. Les dispositions qui précèdent sont applicables aux officiers expédiés de France pour aller prendre le commandement d'un bâtiment en cours de campagne et, en ce qui concerne la solde, aux officiers, aspirants et assimilés recevant une destination outre-mer.

4. Les avances de traitement de table sont payées à raison de l'effectif des officiers au moment du départ.

5. Lorsqu'une retenue d'office pour aliments doit être exercée sur la solde d'un officier, aspirant ou assimilé, le montant de cette retenue est prélevé sur le chiffre des avances de solde mentionné au présent article.

ART. 183.

Avances à payer aux officiers, fonctionnaires et agents allant servir aux colonies ou passant d'une colonie dans une autre colonie.

1. Les officiers, fonctionnaires et agents destinés à aller servir aux colonies, embarqués comme passagers, reçoivent, au moment de leur embarquement, des avances de solde sur le pied d'Europe à raison de leur destination, savoir:

Trois mois pour les colonies situées au delà du cap Horn et du cap de Bonne-Espérance ;

Deux mois pour les colonies d'Amérique ;

Un mois pour Terre-Neuve et les établissements de la côte occidentale d'Afrique.

2. Lorsque le bâtiment transite par l'Isthme de Suez le montant des avances est réduit à 2 mois.

3. La quotité des avances de solde à payer aux officiers, fonctionnaires et agents passant d'une colonie dans une autre colonie est déterminée par le Gouverneur ou le Commandant de colonie à raison de la durée présumée de la traversée.

4. Il n'est pas dû d'avances de solde aux officiers, fonctionnaires et agents du cadre colonial lorsqu'à l'expiration d'un congé passé en France, ils rejoignent la colonie d'où ils provenaient. Il ne peut, dans ce cas, leur en être accordé qu'à titre exceptionnel et par décision spéciale du Ministre de la marine rendue sur un rapport motivé. Quant à ceux qui, pendant leur séjour en France, reçoivent un changement de destination, ils ont droit aux avances règlementaires déterminées pour la colonie dans laquelle ils ont ordre de se rendre.

5. Les dispositions prévues dans l'article précédent pour les retenues d'office à titre d'aliments sont également applicables aux officiers, fonctionnaires et agents du service colonial.

Art. 184.

1. Au moment de la sortie du port de tout bâtiment, il est payé à chacune des tables de bord quinze jours d'avances spéciales de traitement de table, sur le pied de l'effectif réglementaire.

Avances de traitement de table à l'armement.

2. Le montant de cette avance est imputé par moitié dans le décompte des sommes acquises pendant les deux mois suivants, ou en totalité, dans le décompte des avances à payer conformément aux dispositions de l'art. 182.

3. A l'égard des bâtiments armés pour essais, la quotité des avances de traitement de table est déterminée par le Vice-Amiral commandant en chef, Préfet maritime dans la limite d'un mois, et en raison de la durée présumée des essais.

Art. 185.

Si le départ du bâtiment est retardé pendant plus de quinze jours, ou s'il relâche dans un port de France, les avances de solde et de traitement de table déjà payées sont complétées, jusqu'à concurrence de la quotité déterminée à raison de la destination.

Complément d'avances en cas de sursis au départ.

Art. 186.

1. Il n'est fait aucun nouveau paiement de solde pendant la campagne, jusqu'au moment où les avances se trouvent complétement acquises, sauf le cas prévu par l'art. 185.

Interdiction de paiement jusqu'à l'acquittement des avances de solde. A-compte aux diverses tables jusqu'à l'acquittement des avances de traitement de table.

2. Jusqu'à ce que les avances de traitement de table soient complétement acquises, il ne peut être payé d'à-compte aux

diverses tables de bord que dans la limite de la moitié des sommes acquises, depuis le jour du départ de France.

3. Cette disposition n'est pas applicable aux officiers commandants passagers qui ont reçu des avances de traitement de table avant leur départ de France. Ils ne peuvent recevoir d'à-compte qu'à partir du jour où, étant arrivés à destination, ils ont pris effectivement possession de leur commandement.

Art. 187.

Réduction des avances en cas de retour immédiat.

Les avances déterminées par l'art. 182 sont réduites d'un tiers à l'égard des bâtiments qui, d'après les ordres donnés par le Ministre, doivent effectuer leur retour immédiatement après leur arrivée à destination.

Art. 188.

Reprise des avances de solde.

Lorsqu'un officier, aspirant ou assimilé est débarqué avant d'avoir acquis la totalité des sommes qui lui ont été payées à titre d'avances de solde, la portion non acquise est précomptée par tiers sur sa solde courante, sans qu'il puisse prétendre à aucune indemnité ou dégrèvement.

Art. 189.

Reprise des avances de traitement de table.

1. Le précompte des sommes avancées pour traitement de table, en vertu des dispositions de l'art. 184, s'opère sur les premiers décomptes des sommes revenant à chaque table, et subsidiairement sur la solde et sur les accessoires de solde acquis par les officiers, aspirants ou assimilés.

2. A l'égard de la table de l'état-major et de la table dite des aspirants, le précompte des sommes avancées, sans atténuation pour le cas de débarquement individuel ou de décès, s'opère sur les décomptes collectifs de chaque table.

3. En cas de désarmement avant que les avances soient acquises, la reprise en est opérée, par égales portions, sur la solde des officiers présents à bord au moment de la notification de l'ordre de désarmement.

Art. 190.

Dégrèvements.

En cas de décès de l'officier, aspirant, fonctionnaire ou agent il n'est exercé, à raison des sommes dont il serait resté personnellement débiteur envers l'État, pour avances de solde ou de traitement de table, aucun recours contre ses héritiers ni sur la succession alors même que la liquidation de cette succession serait confiée à l'administration de la marine. Les reprises à opérer ne peuvent porter que sur les décomptes de solde, d'accessoires de solde ou de traitement de table, dont le paiement n'aurait pas encore été effectué par le Trésor public.

Art. 191.

1. Dans le cas où, après le paiement des avances de traitement de table, la mission qui devait y donner lieu est suspendue ou révoquée par le Ministre de la marine, il peut être accordé un dégrèvement aux parties intéressées à titre d'indemnité.

2. La quotité du dégrèvement est fixée par décision du Ministre, rendue sur l'avis du Conseil d'administration de la marine dans le port qui compte de la dépense du bâtiment, conformément à la disposition de l'art. 111 (§ 2) de l'ordonnance du 14 juin 1844 (A). Dans aucun cas, le dégrèvement ne peut excéder la moitié des avances réglementaires.

3. Les dispositions qui précèdent sont applicables aux cas de dégrèvement par suite de naufrage ou d'accidents de mer, sauf en ce qui concerne la réserve mentionnée au présent article relativement à la quotité du dégrèvement.

TITRE IV

Frais de passage

Art. 192.

Les indemnités à allouer aux officiers généraux et aux officiers commandants pour la nourriture des passagers admis à leur table sont fixées conformément au tarif n° 39, annexé au présent décret.

Art. 193.

1. Les indemnités à payer aux tables des états-majors et des

(A) Le Conseil d'administration donne son avis sur l'indemnité à allouer, en raison des dépenses qu'ils ont faites, aux officiers chargés d'une mission suspendue ou révoquée par le Ministre de la marine.

aspirants pour chacun des passagers qui doivent y être nourris sont égales au traitement de table fixé pour chacun des officiers, aspirants ou assimilés composant la table.

2. Cette indemnité est augmentée de moitié pour tout passager dont la présence à bord n'a pas excédé huit jours.

ART. 194.

Passagers à la table des aspirants admis à la table de l'état-major sur les bâtiments où la table des aspirants n'existe pas.

Lorsque des passagers qui, conformément aux règles établies, devraient être admis à la table des aspirants sont embarqués sur des bâtiments de l'État où cette table n'existe pas, ils sont admis comme passagers à la table de l'état-major.

ART. 195.

Indemnités accordées pour la nourriture des domestiques des passagers.

1. Il est alloué à l'officier général ou à l'officier commandant une indemnité spéciale par journée de présence à bord pour chaque domestique des passagers placés à leur table dans les limites ci-après déterminées :

Gouverneurs des colonies et officiers généraux commandant à la mer. 3

Commandant d'un établissement colonial ou officier supérieur commandant un bâtiment de l'État. 2

Officier général ou supérieur n'exerçant pas un commandement ou fonctionnaire assimilé. 1

Officier inférieur commandant un bâtiment de l'État. . 1

Aumônier du service de la flotte. 1

2. Moyennant cette indemnité qui est fixée par le tarif n° 39, l'officier général ou l'officier commandant est tenu de nourrir à son office les domestiques des passagers. Elle n'est allouée que pour le nombre de domestiques réellement transportés.

ART. 196.

Avances à payer sur les frais de passage.

1. Il est payé, par à-compte, sur les frais de passage, des avances dont la quotité est réglée comme suit, selon la destination des passagers :

Pour Terre-Neuve. 10 jours.

Pour les ports d'Amérique entre l'embouchure du fleuve Saint-Laurent et celle du fleuve des Amazones. . . . . 15 —

Pour les ports de la côte orientale d'Amérique au Sud de l'embouchure du fleuve des Amazones et le golfe de Guinée. . . . . 25 jours.

Pour le Sénégal. . . . . 10 —

Pour la Réunion, Mayotte et les côtes de Madagascar.	Par la voie de Suez. . . .	20	—
	Par le Cap. .	45	—

Pour les côtes occidentales d'Amérique. . . . . . 60 —

Pour les ports de la mer des Indes, des mers de Chine et du Japon. . . .	Par la voie de Suez. . . .	30	—
	Par le Cap. .	60	—

Pour la Cochinchine.	Par la voie de Suez. . . .	25	—
	Par le Cap. .	60	—

Pour l'Océanie et la Nouvelle-Calédonie. . . . . . 80 —

2. Le montant de ces avances est augmenté d'un tiers pour les bâtiments à voiles.

3. Pour toutes les destinations non prévues par le présent article, la quotité des avances est déterminée par le Ministre de la marine.

4. En cas de décès ou de débarquement d'un passager avant la fin de la traversée, les avances payées dans la limite indiquée par le présent article ne donnent lieu à aucune reprise.

ART. 197.

1. Lorsqu'un bâtiment part sans avoir reçu le nombre de passagers officiellement annoncés à l'avance comme devant être placés à la table de l'officier général ou de l'officier commandant, à celle de l'état-major ou à celle des aspirants, il peut être alloué pour chaque passager manquant une indemnité dont la quotité est déterminée par le Ministre de la marine, sur l'avis du Conseil d'administration du port qui compte de la dépense du bâtiment, conformément aux dispositions de l'article 111 (§ 2) de l'ordonnance du 14 juin 1844 (A).

2. La dépense de cette indemnité est supportée par le département ministériel au service duquel appartiennent les passagers si leur départ a été contremandé ou s'ils ne se sont pas rendus à bord à l'époque indiquée pour le départ du bâtiment.

(A) Voir le nota de l'article 191.

Elle reste à la charge du budget de la marine si le bâtiment part avant l'époque indiquée pour l'embarquement des passagers ou si la destination du bâtiment a été changée.

3. Les officiers, fonctionnaires et agents de la marine qui, par leur faute, manquent le départ du bâtiment, sont tenus au remboursement de l'indemnité accordée par le Ministre à la table à laquelle ils devaient être admis.

TITRE V

Indemnités pour effets d'habillement à divers agents.

ART. 198.

Nomenclature des agents ayant droit à cette indemnité.

1. Les agents du gardiennage,
Les marins vétérans,
Les pompiers,

Et le personnel de surveillance des prisons maritimes reçoivent une première mise d'habillement et pour le renouvellement et l'entretien de leurs effets, une allocation dont les quotités sont déterminées par le tarif n° 43 annexé au présent décret.

2. Les effets d'habillement de ces agents sont confectionnés d'après les modèles et devis qui ont été arrêtés par le Ministre de la marine.

ART. 199.

Délivrance des effets d'habillement dans les ports militaires.

1. Dans les ports militaires, les effets sont délivrés par la division des équipages de la flotte.

2. Ceux de première mise sont remboursés immédiatement au moyen de l'indemnité allouée aux agents lors de leur nomination ou de leur promotion à un emploi plus élevé.

3. Ceux de renouvellement font l'objet d'un versement au trésor public ou d'une retenue fixée à quinze centimes par jour jusqu'à extinction de la dette à l'habillement.

ART. 200.

Habillement des agents dans les ports secondaires et dans les établissements hors des ports.

1. Dans les ports secondaires et dans les établissements de la marine hors des ports, l'habillement des agents du gardiennage est assuré par un marché passé dans la localité.

2. L'administration qui procède à la passation de ce traité veille avec soin à ce que les agents nouvellement promus ou nommés acquittent immédiatement le prix de leurs effets au moyen de l'indemnité qui leur est allouée et à ce que les effets de renouvellement soient payés par versements mensuels dont elle déterminera la quotité.

Art. 201.

Le décompte de l'indemnité d'habillement est fait mensuellement en même temps que celui de la solde.

Décompte de l'indemnité d'habillement.

Art. 202.

Tout agent renvoyé du service pour inconduite ou sujet de mécontentement quelconque pendant la première année de son admission, subit sur sa solde une retenue égale à la moitié de la première mise d'habillement.

Agent renvoyé du service pour inconduite ou sujet de mécontentement.

Art. 203.

Le Commissaire aux revues, le Commissaire aux travaux, le Commissaire aux hôpitaux ou l'agent administratif, suivant le cas, constate par des revues trimestrielles que les agents désignés à l'art. 198 ci-dessus sont en uniforme et qu'ils possèdent tous les effets dont ils doivent être pourvus réglementairement. Il signale au Commissaire général, au Chef de service ou au Directeur de l'établissement, les agents dont la tenue ne serait pas complète, et il propose de faire subir à ces agents une retenue de solde dont le montant est applicable au paiement des effets d'habillement.

Revues trimestrielles des agents.

TITRE VI

Retenues sur la solde.

—

CHAPITRE PREMIER

Retenues au profit de la Caisse des Invalides de la marine.

Art. 204.

1. Les officiers, aspirants, fonctionnaires et agents supportent, sur le montant des allocations qui leur sont attribuées

Retenues au profit de la Caisse des Invalides de la marine.

13

par les tarifs annexés au présent décret une retenue de 3 0/0 au profit de la Caisse des Invalides de la marine.

2. Cette retenue s'opère, tant sur la portion desdites allocations qui est payée directement à l'officier, aspirant, fonctionnaire ou agent que sur la portion qui peut être payée à des tiers pour son compte.

3. Les officiers autorisés à seconder des entreprises industrielles supportent la même retenue sur toutes les allocations qui leur sont accordées par l'industrie privée.

4. Les fonctionnaires ou agents des autres départements ministériels détachés au service de la marine, mais dont la pension de retraite ne doit pas incomber plus tard à la charge de l'établissement des Invalides de la marine, subissent au profit du trésor public sur leur solde de grade ou sur leur traitement personnel sur le pied d'Europe, les retenues fixées par les tarifs et règlements des ministères auxquels ils appartiennent. Les autres allocations (suppléments de solde, indemnités, etc.) qui leur sont payées en dehors de leur solde d'emploi, en vertu des tarifs spéciaux à la marine subissent le prélèvement des 3 0/0 au profit de l'établissement des Invalides de la marine.

5. Les fonctionnaires et agents des services civils aux colonies qui ont une parité d'office dans les services métropolitains (loi du 18 avril 1831, article 24) (A) et qui sont retraités par la Caisse des Invalides de la marine sur les bases de la loi du 9 juin 1853 (B) concernant les pensions civiles, subissent, au profit de la Caisse des Invalides de la marine, les diverses retenues prévues par ladite loi.

6. Ces retenues portent sur la portion du traitement qui sert de base à la liquidation de leur pension de retraite d'après l'as-

(A) Loi du 18 avril 1831, art. 24. La pension des magistrats et autres fonctionnaires civils de l'ordre judiciaire attachés au service des colonies est, à parité d'offices, réglée sur les mêmes bases et fixée au même taux que celle des magistrats employés en France, sauf les bénéfices résultant des art. 1er, 4 et 7 pour les individus envoyés d'Europe.

La même règle d'assimilation s'applique aux fonctionnaires civils des colonies autres que ceux qui sont compris dans l'organisation du département de la marine en France, pourvu que ces fonctionnaires soient rétribués sur les deniers publics.

(B) Loi du 9 juin 1853, art. 3. Les fonctionnaires et employés directement rétribués par l'Etat et nommés à partir du 1er janvier 1854, ont droit à pension

similation prévue par le décret du 17 janvier 1863. Toutes les autres allocations sont passibles de la retenue de 3 0/0.

7. Les agents du service colonial non compris dans les catégories spécifiées ci-dessus subissent la retenue de 3 0/0 au profit de la Caisse des Invalides de la marine sur toutes leurs allocations.

8. Les retenues exercées, en cas de congé, sur la solde des officiers, aspirants, fonctionnaires ou agents, ainsi que l'indemnité de logement des capitaines de vaisseau et des capitaines de frégate en résidence libre sont versées à la Caisse des Invalides de la marine.

9. La solde et l'indemnité de logement ou le traitement des officiers, aspirants, fonctionnaires ou agents en congé ou en prolongation de congé sans solde sont également versés à la Caisse des Invalides de la marine lorsque les titulaires sont maintenus dans le cadre du corps auquel ils appartiennent.

10. Pour les officiers et autres du service colonial la retenue mentionnée dans les deux paragraphes précédents ne porte que sur la solde ou le traitement d'Europe.

11. Les retenues déterminées par les paragraphes 8 et 9 du présent article donnent lieu à la formation d'états semestriels qui sont adressés au Ministre, en double expédition, dans le courant du mois de janvier et de juillet de chaque année.

CHAPITRE II

Retenues au profit des tiers ou du trésor public.

ART. 205.

Retenues pour aliments.

1. Le Ministre de la marine peut prescrire sur la solde des officiers, aspirants, fonctionnaires ou agents, une retenue pour

conformément aux dispositions de la présente loi et supportent indistinctement, sans pouvoir les répéter dans aucun cas, les retenues ci-après :

1° Une retenue de 5 0/0 sur les sommes payées à titre de traitement fixe ou éventuel, de préciput, de supplément de traitement, de remises proportionnelles, de salaires ou constituant, à tout autre titre, un émolument personnel;

2° Une retenue du douzième des mêmes rétributions lors de la première nomination ou dans le cas de réintégration, et du douzième de toute augmentation ultérieure;

3° Les retenues pour cause de congés et d'absence, ou par mesure disciplinaire.

aliments dans les cas déterminés par les art. 203, 205 et 214 du Code civil (A).

2. Cette retenue est indépendante de toute autre que l'officier, aspirant, fonctionnaire ou agent peut déjà subir pour quelque cause que ce soit.

3. En cas de décès de la personne secourue, sa succession a droit aux sommes qui auraient pu être retenues sur la solde de l'officier, fonctionnaire ou agent jusqu'au jour du décès de cette personne. Le surplus fait retour à l'officier, fonctionnaire ou agent qui subissait la retenue.

ART. 206.

Retenues pour dettes.

Les retenues pour dettes contractées par les officiers, fonctionnaires ou agents ont lieu en vertu d'oppositions judiciaires. Le Ministre de la marine peut en ordonner d'office lorsqu'il le juge nécessaire. Les gouverneurs dans les colonies et les commandants en chef peuvent également et pour les mêmes causes, ordonner d'office des retenues sur les appointements des officiers, aspirants, fonctionnaires ou agents; ils en rendent compte immédiatement au Ministre.

ART. 207.

Saisies-arrêts ou oppositions.

1. Les saisies-arrêts ou oppositions sur la solde des officiers, aspirants, fonctionnaires ou agents doivent être faites entre les mains des payeurs, agents ou préposés sur la caisse desquels les ordonnances ou mandats de paiement sont délivrés.

2. Néanmoins, à Paris, et pour tous les paiements à effectuer à la caisse du payeur central du Trésor public, elles doivent être exclusivement faites entre les mains du conservateur des oppositions au Ministère des finances.

3. Les sommes provenant des retenues opérées par les payeurs

(A) Art. 203 du Code civil. Les époux contractent ensemble, par le fait seul du mariage, l'obligation de nourrir, entretenir et élever leurs enfants.

Art. 205. Les enfants doivent des aliments à leurs père et mère et autres ascendants qui sont dans le besoin.

Art. 214. La femme est obligée d'habiter avec le mari et de le suivre partout où il juge à propos de résider. Le mari est obligé de la recevoir et de lui fournir tout ce qui lui est nécessaire pour les besoins de la vie, selon ses facultés et son état.

— 101 —

sont distribuées aux opposants suivant les formes prescrites
par le Code de procédure civile.

ART. 208.

1. Les retenues à exercer pour sommes à rembourser, soit
au Trésor public, soit à des tiers, ne peuvent excéder le cinquième de la solde brute des officiers, aspirants et employés du
département de la marine en activité ou des officiers en non
activité, à moins de décisions contraires du Ministre de la marine.

2. Les traitements des fonctionnaires et employés civils sont
saisissables dans les proportions prévues par la loi du 21 ventôse, an IX (A).

3. En cas de débarquement après avances reçues et non acquises, cette retenue est fixée au tiers de la solde, à moins de
décisions spéciales du Ministre et, en cas de nouvelles avances
avant libération complète, le restant dû est déduit du montant
de ces avances.

4. Les retenues déterminées par le présent article sont indépendantes de celles que l'officier, aspirant, fonctionnaire ou
agent peut déjà subir pour aliments, ainsi que l'indique l'article 205 ci-dessus.

5. Les retenues à exercer par précompte sur la solde de réforme des officiers, soit pour aliments, soit pour débet envers
l'Etat, n'ont lieu qu'en vertu d'une décision du Ministre de la
marine. Les retenues pour aliments peuvent être opérées simultanément avec les retenues pour débet envers l'Etat.

ART. 209.

1. Les dettes envers l'Etat sont signalées par des avis en
double expédition établis par les commissaires aux revues ou
aux armements. Toutefois, elles peuvent être reprises dans les
conditions de l'article 208, d'après les indications des livrets
de solde ou des situations financières dont les intéressés sont

----

(A) Loi du 21 ventôse, an IX. Les traitements des fonctionnaires et employés
civils sont saisissables jusqu'à concurrence du cinquième sur les premiers
mille francs et toutes les sommes au-dessous; du quart sur les cinq mille francs
suivants, et du tiers sur la portion excédant six mille francs, à quelque somme
qu'elle s'élève, et ce jusqu'à l'entier acquittement des créances.

porteurs, si d'ailleurs, ils n'en contestent pas la légitimité.

2. Lorsqu'une reprise a lieu sans la production d'un avis de dette, le fonctionnaire qui opère la retenue informe l'administration du port ou de la colonie qui tenait le débiteur au courant de sa solde et provoque un avis confirmatif ou rectificatif du chiffre de la dette.

TITRE VII

Attributions et obligations du commissariat de la marine relativement aux dépenses de la solde et des accessoires de la solde.

ART. 210.

Constatation des droits des parties prenantes.

1. Les positions des officiers, aspirants, fonctionnaires et agents et les droits qui en dérivent sous le rapport des allocations de solde, d'accessoires de la solde et de traitement de table, sont constatés par les fonctionnaires du corps du commissariat de la marine.

2. Chaque mois, aux jours fixés, les officiers, aspirants, fonctionnaires et agents en service à terre, à l'exception des officiers généraux et des chefs de service, se présentent au détail des revues, soit pour signer un état d'émargement, soit pour retirer leur mandat de paiement individuel. En cas de départ avant la fin du mois, ils doivent se présenter au commissaire aux revues au moment de l'arrêté de leur décompte de solde.

3. Cette disposition n'est pas applicable aux officiers, aspirants, fonctionnaires et agents embarqués ou attachés aux équipages de la flotte, dont la présence est constatée sur revues, d'après des règles spéciales.

4. Lorsqu'un officier, fonctionnaire ou agent est envoyé en mission, l'ordre dont il est porteur doit être visé par le commissaire aux revues ou par le fonctionnaire qui en remplit les fonctions, tant au moment du départ qu'à celui du retour, à l'effet de constater le temps de l'absence.

ART. 211.

Réclamations. A qui adressées.

1. Les officiers, aspirants, fonctionnaires et agents qui ont des réclamations à former pour solde, accessoires de solde,

traitement de table, etc., sont tenus de s'adresser aux commissaires aux revues ou aux armements, suivant le cas.

2. Si le fonctionnaire compétent ne juge pas qu'il y ait lieu de satisfaire à la demande du réclamant, celui-ci doit la lui adresser par écrit.

3. Cette demande émargée du refus motivé, est renvoyée à l'intéressé qui peut recourir au commissaire général de la marine.

4. Les officiers, aspirants, fonctionnaires et agents peuvent toujours recourir par la voie hiérarchique (A) au Ministre de la marine relativement à l'objet de leurs réclamations, mais en joignant à leurs demandes les réponses qu'ils auront précédemment reçues, en conformité du troisième paragraphe du présent article.

ART. 212.

1. Les officiers du commissariat de la marine sont responsables de tout paiement de solde ou accessoires de solde et de traitement de table qu'ils auront autorisé au profit des officiers, aspirants, fonctionnaires ou agents contrairement aux lois, ordonnances, décrets et réglements.

Responsabilité des officiers du commissariat.

2. Toutefois, les parties intéressées demeurent passibles de la retenue de ce qu'elles ont indûment touché. C'est à leur défaut seulement que les officiers du commissariat peuvent être constitués responsables. La responsabilité du fait s'attache d'abord au liquidateur de la dépense, mais si l'ordonnateur préalablement consulté a donné une solution expresse, c'est par lui seul que doivent être supportées les conséquences de sa détermination.

3. Dans aucun cas, les officiers du commissariat de la marine

(A) Décret du 28 mai 1868, article 46. Mode de s'adresser par écrit aux supérieurs. Tout écrit officiel, si ce n'est dans les cas prévus par les réglements spéciaux, adressé au Ministre de la marine ou au commandant en chef par une personne embarquée, doit être remis ouvert au capitaine du bâtiment. Celui-ci prend connaissance de cette pièce et la transmet sans délai au commandant en chef, en y joignant, s'il le juge à propos, ses propres observations. Si l'écrit est adressé au Ministre, le commandant en chef peut surseoir à le transmettre ; dans ce cas, il en informe l'auteur de l'écrit. Si, après un délai qui ne peut excéder 15 jours, celui-ci persiste dans sa première détermination, le commandant en chef adresse la pièce au Ministre, en y joignant ses propres observations.

ne peuvent être constitués pécuniairement responsables qu'en vertu d'une décision du Ministre de la marine.

Art. 213.

Les dispositions contenues dans les art. 210, 211 et 212 sont applicables aux agents administratifs des directions de travaux et aux directeurs des établissements de la marine hors des ports, qui exercent à l'égard du personnel attaché à ces établissements, les attributions dévolues dans les ports au commissaire aux revues et au commissaire général de la marine.

Art. 214.

Les attributions et les obligations dévolues aux officiers du commissariat par les art. 210, 211 et 212 du présent décret, sont exercées dans les colonies, en ce qui concerne les fonctionnaires et agents du service local, par les chefs de bureau de l'administration intérieure des colonies, dont relèvent les services auxquels ces fonctionnaires ou agents sont affectés.

Art. 215.

Les dispositions du présent décret sont applicables :

1º Aux officiers, aspirants, fonctionnaires et agents des divers services du département de la marine et des colonies, à l'exception de ceux qui font partie de l'administration centrale ;

2º Aux agents divers à la nomination des Vice-Amiraux commandant en chef, Préfets maritimes, des autorités coloniales, des chefs de service dans les ports secondaires et des directeurs des établissements hors des ports.

Art. 216.

La solde et les accessoires de la solde des officiers et employés militaires appartenant aux corps de troupe de la marine, ainsi qu'à la gendarmerie maritime, continuent d'être régis par des réglements spéciaux.

Art. 217.

Sont et demeurent abrogées toutes dispositions contraires au présent décret qui sera mis à exécution à partir du 1er août 1875.

ART. 218.

Le Ministre de la marine et des colonies est chargé de l'exécution du présent décret, qui sera inséré au *Bulletin des lois* et au *Bulletin officiel de la marine*.

Exécution et insertion du présent décret.

Fait à Versailles le 1er juin 1875.

Par le Président de la République :
Signé Mal DE MAC-MAHON, duc DE MAGENTA.

Le Ministre de la marine et des colonies,
Signé MONTAIGNAC.

TABLE DES MATIÈRES

TITRE PREMIER

Solde

CHAPITRE PREMIER

DISPOSITIONS GÉNÉRALES

CHAPITRE II

SOLDE D'ACTIVITÉ

SECTION I. — **Solde de présence**

§ 1er. *Dispositions générales.*

CHAPITRE V

SOLDE DE RÉFORME

CHAPITRE VI

DISPOSITIONS COMMUNES AUX POSITIONS DE PRÉSENCE ET D'ABSENCE

CHAPITRE VII

SOLDE DE CAPTIVITÉ

CHAPITRE VIII.

ACCESSOIRES DE LA SOLDE

SECTION Irᵉ. — **Suppléments**.

CHAPITRE IX

PRIVATION DE SOLDE

TITRE II

TRAITEMENT DE TABLE

CHAPITRE PREMIER

TRAITEMENT DE TABLE DES COMMANDANTS D'ARMÉE, D'ESCADRE OU DE DIVISION NAVALE

CHAPITRE II

TRAITEMENT DE TABLE DES CAPITAINES DE BATIMENT

CHAPITRE III

TRAITEMENT DE TABLE DES OFFICIERS COMPOSANT LES ÉTATS-MAJORS ET TRAITEMENT DE TABLE DES ASPIRANTS

CHAPITRE IV.

SUPPLÉMENTS AU TRAITEMENT DE TABLE

<table>
<tr><td>

NUMÉROS
des
articles.

</td><td>

TITRE VI

RETENUES SUR LA SOLDE

CHAPITRE PREMIER

RETENUES AU PROFIT DE LA CAISSE DES INVALIDES DE LA MARINE

</td></tr>
</table>

TARIFS DE SOLDE

TARIF N° 1.

PRÉFECTURES MARITIMES.

EMPLOIS.		TRAITEMENT.			FRAIS DE REPRÉSENTATION.		
		par an.	par mois.	par jour.	par an.	par mois.	par jour.
Vice-amiral commandant en chef préfet maritime, à	Cherbourg.				10,200f	850f000	28f333
	Brest......				10,200	850.000	28.333
	Lorient....	20,000f	1,666f666	55f555	6,800	566.666	18.888
	Rochefort..				6,800	566.666	18.888
	Toulon.....				15,500	1,291.666	43.055

Nota. — Les indemnités pour frais de bureau, de chauffage et de luminaire sont fixées par les tarifs nos 45 et 51.

OFFICIERS DE MARINE.

TARIF N° 2.

GRADES.	SOLDE DE PRÉSENCE					
	SOLDE A LA MER.					
	SOLDE A LA MER proprement dite.			SOLDE D'ÉTAT-MAJOR GÉNÉRAL et d'officier en second.		
	par an.	par mois.	par jour.	par an.	par mois.	par jour.
Amiral (A).	30,000f000	2,500f000	83f333	»	»	»
Vice-Amiral	21,000.000	1,750.000	58.333	»	»	»
Contre-Amiral.	14,000.000	1,166.666	38.888	16,000f000	1,333f333	44f444
Capitaine de vaisseau...	7,600.000	633.333	21.111	8,700.000	725.000	24.166
Capitaine de frégate	6,000.000	500.000	16.666	7,000.000	583.333	19.444
Lieutenant de vaisseau (B) (de 1re classe	3,600.000	300.000	10.000	4,200.000	350.000	11.666
(de 2e classe.	3,000.000	250.000	8.333	3,500.000	291.666	9.722
Enseigne de vaisseau.	2,400.000	200.000	6.666	2,800.000	233.333	7.777
Aspirant . . (de 1re classe	1,600.000	133.333	4.444	1,800.000	150.000	5.000
(de 2e classe.	800.000	66.666	2.222	1,050.000	87.500	2.916
Volontaire.	600.000	50.000	1.666	»	»	»

(A) Le traitement de 30,000 fr. par an est dû aux amiraux dans toutes les positions. Il se cumule, quand il y a lieu, avec le traitement de commandant en chef, lequel est déterminé par un décret (art. 149.)

(B) Un supplément de solde de 500 fr. par an est alloué aux lieutenants de vaisseau ayant douze années de service dans ce grade (art. 94 du décret).

Nota. — Le supplément de résidence dans Paris est fixé par le tarif n° 30; les suppléments de solde et les frais de représentation sont fixés par les tarifs nos 31, 32 et 33.

Les officiers des divers corps voyageant en détachement avec la troupe, ou par réquisition sur les chemins de fer, reçoivent la solde de grade à terre, cumulativement avec l'indemnité de séjour déterminée par le décret du 12 janvier 1870.

OFFICIERS DE MARINE.

TARIF N° 2 (suite).

GRADES.	SOLDE DE PRÉSENCE.								
	SOLDE A TERRE.								
	EN EUROPE.			EN ALGÉRIE.			AUX COLONIES.		
	par an.	par mois.	par jour.	par an.	par mois.	par jour.	par an.	par mois.	par jour.
Amiral.	30,000f000	2,500f000	83f333	»	»	»	»	»	»
Vice-Amiral	18,000.000	1,500.000	50.000	»	»	»	25,500f000	2,125f000	70f833
Contre-Amiral	12,000.000	1,000.000	27.777	»	»	»	17,000.000	1,416.666	47.222
Capitaine de vaisseau	6,500.000	541.666	18.055	7,500f000	625f000	20f833	9,000.000	750.000	25.000
Capitaine de frégate	5,000.000	416.666	13.888	5,700.000	475.000	15.833	6,750.000	562.500	18.750
Lieutenant de vaisseau (A). { de 1re classe	3,000.000	250.000	8.333	3,625.000	302.083	10.069	4,875.000	406.250	13.541
{ de 2e classe	2,500.000	208.333	6.944	3,000.000	250.000	8.333	4,000.000	333.333	11.111
Enseigne de vaisseau	2,000.000	166.666	5.555	2,500.000	208.333	6.944	3,500.000	291.666	9.722
Aspirant. { de 1re classe	1,600.000	133.333	4.444	1,933.333	161.111	5.370	2,600.000	216.666	7.222
{ de 2e classe	800.000	66.666	2.222	»	»	»	1,400.000	116.666	3.888
Volontaire.	»	»	»	»	»	»	»	»	»
CADRE DE RÉSERVE (B).									
Vice-Amiral	9,000.000	750.000	25.000	»	»	»	»	»	»
Contre-Amiral	6,000.000	500.000	16.666	»	»	»	»	»	»

(A) Voir la note de la page précédente.
(B) Loi de finances du 2 août 1868.

TARIF N° 2 (suite).

OFFICIERS DE MARINE.

GRADES.	EN CONGÉ.		EN captivité.	SOLDE D'ABSENCE.						NON-ACTIVITÉ. sur le pied colonial	
	à 2/3	à 1/2		EN NON-ACTIVITÉ SUR LE PIED D'EUROPE.							
				Par suite d'infirmités temporaires, de licenciement du corps, de suppression d'emploi, etc.			Par retrait ou par suspension d'emploi.			Infirmités temporaires, etc.	Retrait d'emploi etc.,
	par jour.	par jour.	par jour.	par an.	par mois.	par jour.	par an.	par mois.	par jour.	par jour.	par jour.
Amiral.	»	»	»	»	»	»	»	»	»	»	»
Vice-Amiral.	»	»	29f166	10,500f000	875f000	29f166	8,400f000	700f000	23f333	35f416	28f333
Contre-Amiral.	»	»	19.444	7,000.000	583.333	19.444	5,600.000	466.666	15.555	23.611	18.888
Capitaine de vaisseau.	12f037	9f027	10.555	3,800.000	316.666	10.555	3,040.000	253.333	8.444	12.500	10.000
Capitaine de frégate.	9.259	6.944	8.333	3,000.000	250.000	8.333	2,400.000	200.000	6.666	9.375	7.500
Lieutenant de vaisseau (A) de 1re classe. . . .	5.555	4.166	5.000	1,800.000	150.000	5.000	1,440.000	120.000	4.000	6.770	5.416
Lieutenant de vaisseau (A) de 2e classe. . . .	4.629	3.472	4.166	1,500.000	125.000	4.166	1,200.000	100.600	3.333	5.555	4.444
Enseigne de vaisseau.	3.703	2.777	3.333	1,440.000	120.000	4.000	960.000	80.000	2.666	5.833	3.888
Aspirant. . de 1re classe. . . .	2.962	2.222	2.222	960.000	80.000	2.666	640.000	53.333	1.777	4.333	2.888
Aspirant. . de 2e classe. . . .	»	1.111	1.111	»	»	»	»	»	»	»	»
Volontaire.	»	»	0.833	»	»	»	»	»	»	»	»

(A) Voir la note de la page 774.

TARIF Nº 3.

MÉCANICIENS EN CHEF ET MÉCANICIENS PRINCIPAUX.

GRADES.	SOLDE DE PRÉSENCE.					
	SOLDE A LA MER.					
	SOLDE.			COMPLÉMENT DE SOLDE.		
	par an.	par mois.	par jour.	par an.	par mois.	par jour.
Mécanicien en chef.	5,400f000	450f000	15f000	»	»	»
Mécanicien principal de 1re cl.	3,600.000	300.000	10.000	1,200f000	100f000	3f333
Mécanicien principal de 2e cl.	2,400.000	200.000	6.666	1,600.000	133.333	4.444

TARIF Nº 3 (suite).

MÉCANICIENS EN CHEF ET MÉCANICIENS PRINCIPAUX.

GRADES.	SOLDE DE PRÉSENCE.					
	SOLDE A TERRE.					
	EN EUROPE.					
	SOLDE.			COMPLÉMENT DE SOLDE.		
	par an.	par mois.	par jour.	par an.	par mois.	par jour.
Mécanicien en chef	4,500f000	375f000	12f500	»	»	»
Mécanicien principal de 1re cl.	3,000.000	250.000	8.333	»	»	»
Mécanicien principal de 2e cl..	2,000.000	166.666	5.555	200f000	16f666	0f555

NOTA. — Le supplément de résidence dans Paris est fixé par le tarif nº 30. — Les suppléments de solde en raison de fonctions spéciales sont fixés par le tarif nº 32.

TARIF N° 3 (suite).

MÉCANICIENS EN CHEF ET MÉCANICIENS PRINCIPAUX.

GRADES.	SOLDE DE PRÉSENCE.					
	SOLDE A TERRE.					
	EN ALGÉRIE.					
	SOLDE.			COMPLÉMENT DE SOLDE.		
	par an.	par mois.	par jour.	par an.	par mois.	par jour.
Mécanicien en chef.	5,200f000	433f333	11f444	»	»	»
Mécanicien principal de 1re cl.	3,625.000	302.083	10.069	»	»	»
Mécanicien principal de 2e cl. .	2,500.000	208.333	6.944	200f000	16f666	0f555

TARIF n° 3 (suite).

MÉCANICIENS EN CHEF ET MÉCANICIENS PRINCIPAUX.

GRADES.	SOLDE DE PRÉSENCE.					
	SOLDE A TERRE.					
	AUX COLONIES.					
	SOLDE.			COMPLÉMENT DE SOLDE.		
	par an.	par mois.	par jour.	par an.	par mois.	par jour.
Mécanicien en chef	6,250f000	520f833	17f361	»	»	»
Mécanicien principal de 1re cl.	5,875.000	406.250	13.511	»	»	»
Mécanicien principal de 2e cl. .	3,500.000	291.666	9.722	200f000	16f666	0f555

TARIF n° 3 (suite).

MÉCANICIENS EN CHEF ET MÉCANICIENS PRINCIPAUX.

GRADES.	SOLDE D'ABSENCE.										
	EN CONGÉ				EN captivité	EN NON ACTIVITÉ					
	A ²/₃		A ¹/₂.			Par suite d'infirmités temporaires, de licenciement, de corps, de suppression d'emploi, etc.			Par suite de retrait ou de suspension d'emploi.		
	solde par jour.	Complément par jour.	solde par jour.	Complément par jour.	par jour.	par an.	par mois.	par jour.	par an.	par mois.	par jour.
Mécanicien en chef........	3ᶠ333	»	6ᶠ250	»	7ᶠ500	2,700ᶠ000	225ᶠ000	7ᶠ500	2,160ᶠ000	180ᶠ000	6ᶠ000
Mécanicien principal de 1ʳᵉ cl.	5.555	»	4.166	»	5.000	1,800.000	150.000	5.000	1,440.000	120.000	4.000
Mécanicien principal de 2ᵉ cl.	3.704	0ᶠ370	2.777	0ᶠ277	3.333	1,440.000	120.000	4.000	960.000	80.000	2.666

TARIF Nº 4.

CHEFS DE MUSIQUE DES ÉQUIPAGES DE LA FLOTTE.

GRADES.	SOLDE DE PRÉSENCE.					
	SOLDE A LA MER.			SOLDE A TERRE.		
	par an.	par mois.	par jour.	par an.	par mois.	par jour.
Chef de musique des équipages de la flotte	2,400ᶠ000	200ᶠ000	6ᶠ666	2,000ᶠ000	166ᶠ666	5ᶠ555

TARIF Nº 4 (suite).

CHEFS DE MUSIQUE DES ÉQUIPAGES DE LA FLOTTE.

GRADES.	SOLDE D'ABSENCE.								
	EN CONGÉ.		EN captivité.	EN NON-ACTIVITÉ.					
				Par suite d'infirmités temporaires, de licenciement de corps, de suppression d'emploi, etc.			Par suite de retrait ou de suspension d'emploi.		
	à 2/3	à 1/2							
	par jour.	par jour.	par jour.	par an.	par mois.	par jour.	par an.	par mois.	par jour.
Chef de musique des équipages de la flotte.	3ᶠ704	2ᶠ777	3ᶠ333	1,440ᶠ000	120ᶠ000	4ᶠ000	960ᶠ000	80ᶠ000	2ᶠ666

Nota. — Après dix ans d'exercice des titulaires, la solde peut être augmentée du cinquième par décision du Président de la République. (Décision présidentielle du 5 mars 1872.)

TARIF N° 5.

GÉNIE MARITIME.

GRADES.	SOLDE DE PRÉSENCE.											
	SOLDE A LA MER.											
	SOLDE A LA MER. PROPREMENT DITE.						SOLDE D'ÉTAT-MAJOR GÉNÉRAL.					
	SOLDE			COMPLÉMENT DE SOLDE.			SOLDE.			COMPLÉMENT DE SOLDE.		
	par an.	par mois.	par jour.	par an.	par mois.	par jour.	par an.	par mois.	par jour.	par an.	par mois.	par jour.
Inspecteur général.	»	»	»	»	»	»	»	»	»	»	»	»
Directeur . . { de 1re classe.	»	»	»	»	»	»	»	»	»	»	»	»
Directeur . . { de 2e classe..	»	»	»	»	»	»	»	»	»	»	»	»
Ingénieur de 1re classe . . .	7,600f000	633f333	21f111	»	»	»	8,700f000	725f000	24f166	1,800f000	150f000	5f000
Ingénieur de 2e classe. . . .	6,000.000	500.000	16.666	300f000	25f000	0f833	7,000.000	583.333	19.444	1,700.000	141.666	4.722
Sous-ingénieur. { de 1re classe.	3,600.000	300.000	10.000	1,200.000	100.000	3.333	4,200.000	350.000	11.666	1,200.000	100.000	3.333
Sous-ingénieur. { de 2e classe.	3,000.000	250.000	8.333	880.000	73.333	2.444	3,500.000	291.666	9.722	820.000	68.333	2.277
Sous-ingénieur de 3e classe.	2,400.000	200.000	6.666	1,000.000	83.333	2.777	2,800.000	233.333	7.777	800.000	66.666	2.222
Élève	»	»	»	»	»	»	»	»	»	»	»	»

Nota. — Le supplément de résidence dans Paris est fixé par le tarif n° 30 ; les suppléments en raison de fonctions spéciales sont fixés par le tarif n° 32.

TARIF Nº 5 (suite).

GÉNIE MARITIME.

GRADES.	SOLDE DE PRÉSENCE. SOLDE A TERRE. EN EUROPE.					
	SOLDE.			COMPLÉMENT DE SOLDE.		
	par an.	par mois.	par jour.	par an.	par mois.	par jour.
Inspecteur général.	14,000ᶠ000	1,166ᶠ666	38ᶠ888	»	»	»
Directeur . . . . . { de 1ʳᵉ classe.	12,000.000	1,000.000	33.333	»	»	»
{ de 2ᵉ classe.	10,000.000	833.333	27.777	»	»	»
Ingénieur de 1ʳᵉ classe.	6,500.000	541.666	18.055	500ᶠ000	41ᶠ666	1ᶠ388
Ingénieur de 2ᵉ classe.	5,000.000	416.666	13.888	800.000	66.666	2.222
Sous-ingénieur . . { de 1ʳᵉ classe.	3,000.000	250.000	8.333	1,200.000	100.000	3.333
{ de 2ᵉ classe.	2,500.000	208.333	6.944	900.000	75.000	2.500
Sous-ingénieur de 3ᵉ classe.	2,000.000	166.666	5.555	1,000.000	83.333	2.777
Élève.	1,600.000	133.333	4.444	»	»	»

GÉNIE MARITIME.

GRADES.	SOLDE DE PRÉSENCE.											
	SOLDE A TERRE.											
	EN ALGÉRIE.						AUX COLONIES.					
	SOLDE.			COMPLÉMENT DE SOLDE.			SOLDE.			COMPLÉMENT DE SOLDE.		
	par an.	par mois.	par jour.	par an.	par mois.	par jour.	par an.	par mois.	par jour.	par an.	par mois.	par jour.
Inspecteur général.	»	»	»	»	»	»	»	»	»	»	»	»
Directeur. . { de 1re classe.	»	»	»	»	»	»	»	»	»	»	»	»
{ de 2e classe..	»	»	»	»	»	»	»	»	»	»	»	»
Ingénieur de 1re classe. . .	7,500f000	625f000	20f833	500f000	41f666	1f388	9,000f000	750f000	25f000	500f000	41f666	1f388
Ingénieur de 2e classe. . . .	5,800.000	483.333	16.111	800.000	66.666	2.222	7,000.000	583.333	19.444	800.000	66.666	2.222
Sous- { de 1re classe.	3,750.000	312.500	10.416	1,200.000	100.000	3.333	4,875.000	406.250	13.541	1,200.000	100.000	3.333
ingénieur. { de 2e classe.	3,100.000	258.333	8.611	900.000	75.000	2.500	4,000.000	333.333	11.111	900.000	75.000	2.500
Sous-ingénieur de 3e classe.	2,666.666	222.222	7.407	1,000.000	83.333	2.777	3,500.000	291.666	9.722	1,000.000	83.333	2.777
Élève.	»	»	»	»	»	»	»	»	»	»	»	»

TARIF Nº 5 (suite).

GÉNIE MARITIME.

GRADES.	EN CONGÉ à 2/3. Solde par jour.	Complément par jour.	EN CONGÉ à 1/2. Solde par jour.	Complément par jour.	EN captivité. Solde par jour.	Complément par jour.	SOLDE D'ABSENCE — EN NON-ACTIVITÉ — SUR LE PIED D'EUROPE. Par suite d'infirmités temporaires, de licenciement de corps, de suppression d'emploi, etc. par an.	par mois.	par jour.	Par suite de retrait d'emploi ou de suspension d'emploi. par an.	par mois.	par jour.	SUR LE PIED colonial. Infirmités temporaires, etc. par jour.	Retrait d'emploi, etc. par jour.
Inspecteur général . . .	»	»	»	»	»	»	7,000f000	583f333	19f444	5,600f000	466f666	15f555	»	»
Directeur. de 1re cl. .	»	»	»	»	»	»	7,000.000	583.333	19.444	5,600.000	466.666	15.555	»	»
Directeur. de 2e cl. .	»	»	»	»	»	»	6,000.000	500.000	16.666	4,800.000	400.000	13.333	»	»
Ingénieur de 1re cl. . . .	12f037	0f925	9f027	0f694	10f555	»	3,800.000	316.666	10.555	3,040.000	253.333	8.444	12f500	10f000
Ingénieur de 2e cl. . . .	9.259	1.481	6.944	1.111	8.333	0f416	3,000.000	250.000	8.333	2,400.000	200.000	6.666	9.375	7.500
Sous-ingénieur. de 1re cl. .	5.555	2.222	4.166	1.666	5.000	1.666	1,800.000	150.000	5.000	1,440.000	120.000	4.000	6.770	5.416
Sous-ingénieur. de 2e cl. .	4.629	1.666	3.472	1.250	4.166	1.222	1,500.000	125.000	4.166	1,200.000	100.000	3.333	5.555	4.444
Sous-ingénieur de 3e cl.	3.703	1.851	2.777	1.388	3.333	1.388	1,440.000	120.000	4.000	960.000	80.000	2.666	5.833	3.888
Élève.	»	»	2.222	»	»	»	960.000	80.000	2.666	640.000	53.333	1.777	»	»

GRADES.	SOLDE DE PRÉSENCE.											
	SOLDE A LA MER PROPREMENT DITE.						SOLDE A TERRE. EN EUROPE.					
	SOLDE.			COMPLÉMENT DE SOLDE.			SOLDE.			COMPLÉMENT DE SOLDE.		
	par an.	par mois.	par jour.	par an.	par mois.	par jour.	par an.	par mois.	par jour.	par an.	par mois.	par jour.
Ingénieur hydrographe en chef.	»	»	»	»	»	»	10,000f000	833f333	27f777	»	»	»
Ingénieur hydrographe de 1re classe.	7,600f000	633f333	21f111	»	»	»	6,500.000	541.666	18.055	500f000	41f666	1f388
Ingénieur hydrographe de 2e classe.	6,000.000	500.000	16.666	300f000	25f000	0f833	5,000.000	416.666	13.888	800.000	66.666	2.222
Sous-ingénieur hydrographe. de 1re cl.	3,600.000	300.000	10.000	1,200.000	100.000	3.333	3,000.000	250.000	8.333	1,200.000	100.000	3.333
Sous-ingénieur hydrographe. de 2e cl.	3,000.000	250.000	8.333	880.000	73.333	2.444	2,500.000	208.333	6.944	900.000	75.000	2.500
Sous-ingénieur hydrographe de 3e classe.	2,400.000	200.000	6.666	1,000.000	83.333	2.777	2,000.000	166.666	5.555	1,000.000	83.333	2.777
Élève.	»	»	»	»	»	»	1,600.000	133.333	4.444	»	»	»

Nota. — Le supplément de résidence dans Paris est fixé par le tarif n° 30.

Missions hydrographiques (voir art. 109 du décret).

TARIF N° 6 (suite).

INGÉNIEURS HYDROGRAPHES.

GRADES.	SOLDE DE PRÉSENCE.											
	SOLDE A TERRE.											
	EN ALGÉRIE.						AUX COLONIES.					
	SOLDE			COMPLÉMENT DE SOLDE.			SOLDE.			COMPLÉMENT DE SOLDE.		
	par an.	par mois.	par jour.	par an.	par mois.	par jour.	par an.	par mois.	par jour.	par an.	par mois.	par jour.
Ingénieur hydrographe en chef.	»	»	»	»	»	»	»	»	»	»	»	»
Ingénieur hydrographe de 1re classe.	7,500f000	625f000	20f833	500f000	41f666	1f388	9,000f000	750f000	25f000	500f000	41f666	1f388
Ingénieur hydrographe de 2e classe.	5,800.000	483.333	16.111	800.000	66.666	2.222	7,000.000	583.333	19.444	800.000	66.666	2.222
Sous-ingénieur hydrographe. { de 1re cl..	3,750.000	312.500	10.416	1,200.000	100.000	3.333	4,875.000	406.250	13.541	1,200.000	100.000	3.333
{ de 2e cl..	3,100.000	258.333	8.611	900.000	75.000	2.500	4,000.000	333.333	11.111	900.000	75.000	2.500
Sous-ingénieur hydrographe de 3e classe.	2,666.666	222.222	7.407	1,000.000	83.333	2.777	3,500.000	291.666	9.722	1,000.000	83.333	2.777
Élève.	»	»	»	»	»	»	»	»	»	»	»	»

TARIF N° 6 (suite).

INGÉNIEURS HYDROGRAPHES.

GRADES.	EN CONGÉ. à 2/3.		à 1/2.		EN CAPTIVITÉ.		SOLDE D'ABSENCE. EN NON-ACTIVITÉ. SUR LE PIED D'EUROPE. Par suite d'infirmités temporaires, de licenciement de corps, de suppression d'emploi, etc.			Par suite de retrait d'emploi ou de suspension d'emploi.			SUR LE PIED colonial. Infirmités temporaires, etc.	Retrait d'emploi, etc.
	solde par jour.	complément par jour.	solde par jour.	complément par jour.	solde par jour.	complément par jour.	par an.	par mois.	par jour.	par an.	par mois.	par jour.	par jour.	par jour.
Ingénieur hydrographe en chef.	»	»	»	»	»	»	6,000f000	500f000	166f66	4,800f000	400f000	13f333	»	»
Ingénieur hydrographe de 1re classe.	12f037	0f925	9f027	0f694	10f555	»	3,800.000	316.666	10.555	3,040.000	253.333	8.444	12f500	10f000
Ingénieur hydrographe de 2e classe.	9.259	1.481	6.944	1.111	8.333	0.416	3,000.000	250.000	8.333	2,400.000	200.000	6.666	9.375	7.500
Sous-ingénieur hydrographe. de 1re cl.	5.555	2.222	4.166	1.666	5.000	1.666	1,800.000	150.000	5.000	1,440.000	120.000	4.000	6.770	5.416
de 2e cl.	4.629	1.666	3.472	1.250	4.166	1.222	1,500.000	125.000	4.166	1,200.000	100.000	3.333	5.555	4.444
Sous-ingénieur hydrographe de 3e classe.	3.703	1.851	2.777	1.388	3.333	1.388	1,440.000	120.000	4.000	960.000	80.000	2.666	5.833	3.888
Élève.	»	»	2.222	»	»	»	960.000	80.000	2.666	640.000	53.333	4.777	»	»

TARIF N° 7.

COMMISSARIAT DE LA MARINE.

GRADES.	SOLDE DE PRÉSENCE.					
	SOLDE A LA MER.					
	SOLDE A LA MER PROPREMENT DITE.			SOLDE D'ÉTAT-MAJOR GÉNÉRAL.		
	par an.	par mois.	par jour.	par an.	par mois.	par jour.
Commissaire général { de 1re classe.	14,000f000	1,166f666	38f888	16,000f000	1,339f333	44f444
{ de 2e classe.	12,000.000	1,000.000	33.333	14,000.000	1,166.666	38.888
Commissaire.	7,600.000	633.333	21.111	8,700.000	725.000	24.166
Commissaire-adjoint.	5,400.000	450.000	15.000	6,300.000	525.000	17.500
Sous-commissaire. . . { de 1re classe.	3,600.000	300.000	10.000	4,200.000	350.000	11.666
{ de 2e classe.	3,000.000	250.000	8.333	3,500.000	291.666	9.722
Aide-commissaire.	2,400.000	200.000	6.666	2,800.000	233.333	7.777
Élève commissaire.	»	»	»	»	»	»

NOTA. — Le supplément de résidence dans Paris est fixé par le tarif n° 30; les suppléments en raison de fonctions spéciales (ordonnateurs, trésoriers à bord des bâtiments de l'État, etc.) sont fixés par le tarif n° 32; les frais de service alloués aux commissaires de l'inscription maritime et aux administrateurs des sous-quartiers sont fixés par le tarif n° 35.

TARIF N° 7 (suite).

COMMISSARIAT DE LA MARINE.

GRADES.	SOLDE DE PRÉSENCE.								
	SOLDE A TERRE.								
	EN EUROPE.			EN ALGÉRIE.			AUX COLONIES.		
	par an.	par mois.	par jour.	par an.	par mois.	par jour.	par an.	par mois.	par jour.
Commissaire général { de 1re classe...	12,000f000	1,000f000	33f333	»	»	»	17,000f000	1,416f666	47f222
Commissaire général { de 2e classe....	10,000.000	833.333	27.777	»	»	»	14,000.000	1,166.666	38.888
Commissaire......................	6,500.000	541.666	18.055	7,500f000	625f000	20f833	9,000.000	750.000	25.000
Commissaire-adjoint...............	4,500.000	375.000	12.500	5,200.000	433.333	14.444	6,250.000	520.833	17.361
Sous-commissaire... { de 1re classe...	3,000.000	250.000	8.333	3,625.000	302.083	10.069	4,875.000	406.250	13.541
Sous-commissaire... { de 2e classe....	2,500.000	208.333	6.944	3,000.000	250.000	8.333	4,000.000	333.333	11.111
Aide-commissaire....................	2,000.000	166.666	5.555	2,500.000	208.333	6.944	3,500.000	291.666	9.722
Élève commissaire...................	1,600.000	133.333	4.444	»	»	»	»	»	»
Commis de marine du service colonial.	1,350.000	112.500	3.750	»	»	»	2,550.000	212.500	7.083
Écrivain du service colonial..........	1,050.000	87.500	2.916	»	»	»	1,950.000	162.500	5.416

TARIF N° 7 (suite).

COMMISSARIAT DE LA MARINE.

GRADES.	EN CONGÉ.		EN captivité.	SOLDE D'ABSENCE. EN NON-ACTIVITÉ. SUR LE PIED D'EUROPE. Par suite d'infirmités temporaires, de licenciement de corps, de suppression d'emploi, etc.			Par suite de retrait d'emploi ou de suspension d'emploi.			SUR LE PIED COLONIAL. Infirmités temporaires, etc.	Retrait d'emploi, etc.
	à 2/3	à 1/2									
	par jour.	par jour.	par jour.	par an.	par mois.	par jour.	par an.	par mois.	par jour.	par jour.	par jour.
Commissaire général... de 1re classe.....	»	»	19f444	7,000f000	583f333	19f444	5,600f000	466f666	15f555	23f611	18f888
de 2e classe.....	»	»	16.666	6,000.000	500.000	16.666	4,800.000	400.000	13.333	19.444	15.555
Commissaire.................	12f037	9f027	10.555	3,800.000	316.666	10.555	3,040.000	253.333	8.444	12.500	10.000
Commissaire-adjoint...........	8.333	6.250	7.500	2,700.000	225.000	7.500	2,160.000	180.000	6.000	8.680	6.944
Sous-commissaire de 1re classe.....	5.555	4.166	5.000	1,800.000	150.000	5.000	1,440.000	120.000	4.000	6.770	5.416
de 2e classe.....	4.629	3.472	4.166	1,500.000	125.000	4.166	1,200.000	100.000	3.333	5.555	4.444
Aide-commissaire.............	3.703	2.777	3.333	1,440.000	120.000	4.000	960.000	80.000	2.666	5.833	3.888
Élève commissaire............	»	2.222	»	960.000	80.000	2.666	640.000	53.333	1.777	»	»
Commis de marine du service colonial.	»	1.875	»	»	»	»	»	»	»	»	»
Écrivain du service colonial. ...	»	1.458	»	»	»	»	»	»	»	»	»

TARIF N° 8.

Commis du commissariat, auxiliaires civils du commissariat et secrétaires civils des officiers généraux commandant à la mer.

EMPLOIS.	SOLDE DE PRÉSENCE.									SOLDE D'ABSENCE.	
	A LA MER.			A TERRE.							
				EN EUROPE.			EN ALGÉRIE.			En congé.	En captivité.
	par an.	par mois.	par jour.	par an.	par mois.	par jour.	par an.	par mois.	par jour.	parjour.	parjour.
Commis du commissariat. de 1re classe......	»	»	»	2,500f000	208f333	6f944	3,050f000	254f166	8f472	3f472	»
de 2e classe......	»	»	»	2,000.000	166.666	5.555	2,600.000	216.666	7.222	2.777	»
de 3e classe.......	»	»	»	1,700.000	141.666	4.722	2,166.666	180.555	6.018	2.361	»
de 4e classe........	»	»	»	1,400.000	116.666	3.888	1,800.000	150.000	5.000	1.944	»
Auxiliaire civil. de 1re classe.......	»	»	»	1,000.000	83.333	2.777	»	»	»	1.388	»
de 2e classe.......	»	»	»	800.000	66.666	2.222	»	»	»	1.411	»
Secrétaires civils. Des officiers généraux commandant en chef une armée navale ou une escadre..............	1,800f000	150f000	5f000	»	»	»	»	»	»	»	2f500
Des officiers généraux commandant en chef une division ou une station navale et des chefs d'état-major général d'une armée navale ou d'une escadre..............	1,500.000	125.000	4.166	»	»	»	»	»	»	»	2.083
Des officiers généraux commandant en sous-ordre ; des capitaines de vaisseau commandant en chef une division ou une station navale.	1,200.000	100.000	3.333	»	»	»	»	»	»	»	1.666

Nota. — Le supplément de résidence dans Paris est fixé par le tarif n° 30.

TARIF N° 9.

INSPECTION DES SERVICES ADMINISTRATIFS

GRADES.	SOLDE		
	EN EUROPE.		
	par an.	par mois.	par jour.
Inspecteur en chef chargé du contrôle central.........	20,000f000 A	1,666f666	55f555
Inspecteur en chef { de 1re classe....................	12,000.000	1,000.000	33.333
Inspecteur en chef { de 2e classe....................	10,000.000	833.333	27.777
Inspecteur....................................	6,500.000	541.666	18.055
Inspecteur-adjoint.............................	4,500.000	375.000	12.500

(A) Le traitement alloué à l'Inspecteur en chef, chargé du contrôle central, comprend
Nota. — Dans le cas d'embarquement ou de mission à la mer, les officiers de l'inspection
Le supplément de résidence dans Paris est fixé par le tarif n° 30.

A TERRE			En congé à 1/2	SOLDE D'ABSENCE.					
EN ALGÉRIE				EN NON-ACTIVITÉ.					
				Par suite d'infirmités temporaires, de licenciement de corps, de suppression d'emploi, etc.			Par suite de retrait d'emploi ou de suspension d'emploi.		
par an.	par mois	par jour.	par jour.	par an.	par mois	par jour.	par an.	par mois.	par jour.
»	»	»	»	»	»	»	»	»	»
»	»	»	»	7,000f000	583f333	19f444	5,600f000	466f666	15f555
»	»	»	»	6,000.000	500.000	16.666	4,800.000	400.000	13.333
7,500f000	625f000	20f833	9f027	3,800.000	316.666	10.555	3,040.000	253.333	8.444
5,200.000	433.333	14.444	6.250	2,700.000	225.000	7.500	2,160.000	180.000	6.000

toutes les allocations de solde et d'accessoires de la solde.
reçoivent la solde à la mer des officiers du commissariat.

TARIF N° 10.

PERSONNEL
des directions de travaux dans les ports et des

GRADES ET EMPLOIS.		SOLDE DE PRÉSENCE		
		EN EUROPE.		
		par an.	par mois.	par jour.
Agent administratif principal.		4,500ᶠ000	375ᶠ000	12.500
Agent administratif..	de 1ʳᵉ classe	3,000.000	250.000	8.333
	de 2ᵉ classe	2,500.000	208.333	6.944
Sous-agent administratif.		2,000.000	166.666	5.555
Commis des directions	de 1ʳᵉ classe	1,700.000	141.666	4.722
	de 2ᵉ classe	1,400.000	116.666	3.888
Écrivain.	de 1ʳᵉ classe	1,200.000	100.000	3.333
	de 2ᵉ classe	1,100.000	91.666	3.055

Nota : Le supplément de résidence dans Paris est fixé par le tarif n° 30 ; les suppléments
tratifs faisant fonctions de trésoriers dans les directions de travaux des ports et dans les
perçoivent une indemnité de 0,25 cent. par mille francs des sommes encaissées par le
responsabilité, payable sur les fonds : *salaires d'ouvriers*, à l'expiration de chaque année et
(*B. off.* 1ᵉʳ sem. 1865, p. 90) faisant suite au décret du 20 octobre 1864.

ADMÍNISTRATIF.

établissements de la marine hors des ports.

À TERRE.			SOLDE D'ABSENCE						
EN ALGÉRIE.			En congé.	EN NON-ACTIVITÉ.					
				Par suite d'infirmités temporaires, de licenciement de corps, de suppression d'emploi, etc.			Par suite de retrait d'emploi ou de suspension d'emploi.		
par an.	par mois	par jour.	par jour.	par an.	par mois	par jour.	par an.	par mois	par jour
5,200ʳ000	433ʳ333	14ʳ444	6ʳ250	2,250ʳ000	187ʳ500	6ʳ250	1,800ʳ000	150ʳ000	5ʳ000
3,625.000	302.083	10.069	4.166	1,500.000	125.000	4.166	1,200.000	100.000	3.333
3,000.000	250.000	8.333	3.472	1,250.000	104.166	3.472	1,000.000	83.333	2.777
2,500.000	208.333	6.944	2.777	1,200.000	100.000	3.333	800.000	66.666	2.222
2,200.000	183.333	6.111	2.361	»	»	»	»	»	»
1,800.000	150.000	5.000	1.944	»	»	»	»	»	»
1,566.666	130.555	4.351	1.666	»	»	»	»	»	»
1,433.333	119.444	3.981	1.502	»	»	»	»	»	»

en raison de fonctions spéciales sont fixés par le tarif n° 32. Les agents adminis-
établissements hors des ports reçoivent un supplément fixé par le tarif n° 32 et, en outre; ils
Conseil d'administration et jusqu'à concurrence de 750 fr. par an, à titre d'indemnité de
sur certificat délivré par le commissaire aux travaux. Arrêté ministériel du 7 février 1865.

TARIF N° 11.

COMPTABLES DES MATIÈRES DANS LES DIVERS SERVICES

EMPLOIS.		SOLDE DE		
		EN EUROPE.		
		par an.	par mois.	par jour.
Agent comptable principal		4,500f000	375f000	12f500
Agent comptable		2,500.000	208.333	6.944
Sous-agent comptable		2,000.000	166.666	5.555
Commis de comptabilité.	ancienne formation	1,700.000	141.666	4.722
	nouvelle formation	1,400.000	116.666	3.888
Ecrivain titulaire		1,000.000	83.333	2.777
Ecrivain auxiliaire		800.000	66.666	2.222
Magasinier	1re classe	1,600.000	133.333	4.444
	2e classe	1,400.000	116.666	3.888
	3e classe	1,200.000	100.000	3.333
Distributeur	1re classe	1,100.000	91.666	3.055
	2e classe	800.000	66.666	2.222

TARIF N° 12.

PERSONNEL DU SERVICE

EMPLOIS.	SOLDE DE		
	EN EUROPE.		
	par an.	par mois.	par jour.
Chef de manutention principal	4,500f000	375f000	12f500
Chef de manutention	3,000.000	250.000	8.333
Sous-chef de manutention	2,000.000	166.666	5.555

DE LA MARINE.

TARIF N° 11.

| PRÉSENCE A TERRE. | | | SOLDE d'absence en congé. | OBSERVATIONS. |
| EN ALGÉRIE. | | | | |
par an.	par mois.	par jour.	par jour.	
5,100f000	425f000	14f166	6f250	Nota : Le supplément de résidence dans Paris est fixé par le tarif N° 30. L'indemnité de responsabilité est fixée par le tarif N° 41.
3,000.000	250.000	8.333	3.472	Des suppléments de solde peuvent être accordés par le Ministre de la Marine aux sous-gardes magasins et aux sectionnaires ; des
2,500.000	208.333	6.944	2.777	suppléments peuvent également être alloués à un certain nombre de magasiniers de 1re classe
2,100.000	175.000	5.833	2.361	choisis parmi ceux qui réunissent au moins trois ans de service dans cette classe. — Ces
1,800.000	150.000	5.000	1.944	suppléments ne peuvent excéder 600 fr. par an, ni être au-dessous de 200 fr. par an. (Art. 16
1,300.000	108.333	3.611	1.388	du décret du 17 janvier 1867.)
1,000.000	83.333	2.777	1.111	
2,100.000	175.000	5.833	2.222	
1,800.000	150.000	5.000	1.944	
1,533.333	127.777	4.259	1.666	
1,400.000	116.666	3.888	1.527	
1,000.000	83.333	2.777	1.111	

TARIF N° 12.

DES MANUTENTIONS.

PRÉSENCE A TERRE.			SOLDE D'ABSENCE.							OBSERVATIONS.
EN ALGÉRIE.			En congé	EN NON-ACTIVITÉ.						
				Par suite d'infirmités temporaires, de licenciement de corps, de suppression d'emploi, etc.			Par suite de retrait d'emploi ou de suspension d'emploi.			
par an.	par mois.	par jour.	par jour.	par an.	par mois.	par jour.	par an.	par mois.	par jour.	
5,200f000	433f333	14f444	6f250	2,250f000	187.500	6f250	1,800f000	150f000	5f000	Nota : Le supplément de résidence dans Paris est fixé par le tarif N° 30.
3,625.000	302.083	10.069	4.166	1,500.000	125.000	4.166	1,200.000	100.000	3.333	
2,600.000	216.666	7.222	2.777	1,200.000	100.000	3.333	800.000	66.666	2.222	

TARIF N° 13.

CORPS DE SANTÉ DE LA MARINE.

GRADES.	SOLDE DE PRÉSENCE.											
	SOLDE A LA MER.											
	SOLDE A LA MER PROPREMENT DITE.						SOLDE D'ÉTAT-MAJOR GÉNÉRAL.					
	SOLDE.			COMPLÉMENT DE SOLDE.			SOLDE.			COMPLÉMENT DE SOLDE.		
	par an.	par mois.	par jour.	par an.	par mois.	par jour.	par an.	par mois.	par jour.	par an.	par mois.	par jour.
Inspecteur général.	»	»	»	»	»	»	»	»	»	»	»	»
Directeur de 1re cl. . . du service de santé. de 2e cl. . .	»	»	»	»	»	»	»	»	»	»	»	»
	»	»	»	»	»	»	»	»	»	»	»	»
Inspecteur adjoint.	»	»	»	»	»	»	»	»	»	»	»	»
Médecin et pharmacien en chef.	7,600f000	633f333	21f111	»	»	»	8,700f000	725f000	24f166	300f000	25f000	0f833
Médecin et pharmacien professeur ou principal. . . .	5,400.000	450.000	15.000	»	»	»	6,300.000	525.000	17.500	900.000	75.000	2.500
Médecin et pharmacien de 1re classe	3,600.000	300.000	10.000	300f000	25f000	0f833	4,200.000	350.000	11.666	1,300.000	108.333	3.611
Médecin et pharmacien de 2e classe.	2,400.000	200.000	6.666	400.000	33.333	1.111	2,800.000	233.333	7.777	1,050.000	87.500	2.916
Aide-médecin et aide-pharmacien.	1,800.000	150.000	5.000	»	»	»	»	»	»	»	»	»

Nota. — Le supplément de résidence dans Paris est fixé par le tarif N° 30. Les suppléments en raison de fonctions spéciales sont fixés par le tarif N° 32.

CORPS DE SANTÉ DE LA MARINE.

GRADES.	SOLDE DE PRÉSENCE.											
	SOLDE A TERRE.											
	EN EUROPE.						EN ALGÉRIE.					
	SOLDE.			COMPLÉMENT DE SOLDE.			SOLDE.			COMPLÉMENT DE SOLDE.		
	par an.	par mois.	par jour.	par an.	par mois.	par jour.	par an.	par mois	par jour.	par an.	par mois.	par jour.
Inspecteur général.	14,000ᶠ000	1,166ᶠ666	38ᶠ888	»	»	»	»	»	»	»	»	»
Directeur du service de santé. { de 1ʳᵉ cl. . .	12.000.000	1,000.000	33.333	»	»	»	»	»	»	»	»	»
{ de 2ᵉ cl. . .	10,000.000	833.333	27.777	»	»	»	»	»	»	»	»	»
Inspecteur adjoint.	10,000.000	833.333	27.777	»	»	»	»	»	»	»	»	»
Médecin et pharmacien en chef.	6,500.000	541.666	18.055	»	»	»	7,500ᶠ000	625ᶠ000	20ᶠ833	»	»	»
Médecin et pharmacien professeur ou principal. . . .	4,500.000	375.000	12.500	»	»	»	5,300.000	441.666	14.722	»	»	»
Médecin et pharmacien de 1ʳᵉ classe.	3,000.000	250.000	8.333	300ᶠ000	25ᶠ000	0ᶠ833	3,750.000	312.500	10.416	300ᶠ000	25ᶠ000	0ᶠ833
Médecin et pharmacien de 2º classe.	2,000.000	166.666	5.555	400.000	33.333	1.111	2,666.666	222.222	7.407	400.000	33.333	1.111
Aide-médecin et aide-pharmacien.	1,600.000	133.333.	4.444	»	»	»	2,000.000	166.666	5.555	»	»	»

TARIF N° 13 (suite).

CORPS DE SANTÉ DE LA MARINE.

GRADES.	SOLDE DE PRÉSENCE. SOLDE A TERRE. AUX COLONIES.					
	SOLDE.			COMPLÉMENT DE SOLDE.		
	par an.	par mois.	par jour.	par an.	par mois.	par jour.
Inspecteur général.	»	»	»	»	»	»
Directeur du service de santé. { de 1re classe.	»	»	»	»	»	»
de 2e classe.	»	»	»	»	»	»
Inspecteur adjoint.	»	»	»	»	»	»
Médecin et pharmacien en chef.	9,000f000	750f000	25f000	»	»	»
Médecin et pharmacien professeur ou principal.	6,500.000	541.666	18.055	»	»	»
Médecin et pharmacien de 1re classe.	5,250.000	437.500	14.583	300f000	25f000	0f833
Médecin et pharmacien de 2e classe.	4,000.000	333.333	11.111	400.000	33.333	1.111
Aide-médecin et aide-pharmacien.	2,800.000	233.333	7.777	»	»	»

GRADES.	EN CONGÉ. à 2/3		EN CONGÉ. à 1/2		EN CAPTIVITÉ.		SOLDE D'ABSENCE. EN NON-ACTIVITÉ. SUR LE PIED D'EUROPE. Par suite d'infirmités temporaires, de licenciement de corps, de suppression d'emploi, etc.			Par suite de retrait d'emploi ou de suspension d'emploi.			SUR LE PIED colonial. infirmités temporaires, etc.	retrait d'emploi, etc.
	solde par jour.	complément par jour.	solde par jour.	complément par jour.	solde par jour.	complément par jour.	par an.	par mois.	par jour.	par an.	par mois.	par jour.	par jour.	par jour.
Inspecteur général...	»	»	»	»	»	»	7,000f000	583f333	19f444	5,600f000	466f666	15f555	»	»
Directeur du service de santé. (de 1re cl..	»	»	»	»	»	»	7,000.000	583.333	19.444	5,600.000	466.666	15.555	»	»
(de 2e cl..	»	»	»	»	»	»	6,000.000	500.000	16.666	4,800.000	400.000	13.333	»	»
Inspecteur adjoint...	»	»	»	»	»	»	6,000.000	500.000	16.666	4,800.000	400.000	13.333	»	»
Médecin et pharmacien en chef.......	12f037	»	9f027	»	10f555	»	3,800.000	316.666	10.555	3,040.000	253.333	8.444	12f500	10f000
Médecin et pharmacien professeur ou principal.........	8.333	»	6.250	»	7.500	»	2,700.000	225.000	7.500	2,160.000	180.000	6.000	8.680	6.944
Médecin et pharmacien de 1re classe.....	5.555	0.555	4.166	0.416	5.000	0.416	1,800.000	150.000	5.000	1,440.000	120.000	4.000	6.770	5.416
Médecin et pharmacien de 2e classe......	4.629	0.740	2.777	0.555	3.333	0.555	1,440.000	120.000	4.000	960.000	80.000	2.666	5.833	3.888
Aide-médecin et aide-pharmacien......	2.962	»	2.222	»	2.500	»	1,080.000	90.000	3.000	720.000	60.000	2.000	4.666	3.111

TARIF N° 14.

COMMISSAIRES RAPPORTEURS ET GREFFIERS PRÈS...

	SOLDE DE PRÉSENCE.		
	par an.	par mois.	par jour.
1° TRIBUNAUX MARITIMES (ancienne formation).			
Commissaire rapporteur à Brest, Rochefort et Toulon. — Après 20 ans de service.......	5,500f000	458f333	15f277
Après 15 ans de service......	5,000.000	416.666	13.888
Après 10 ans de service.......	4,500.000	375.000	12.500
Au-dessous de 10 ans de service.	4,000.000	333.333	11.111
Greffier à Brest, Rochefort et Toulon. — Après 20 ans de service.......	2,800.000	233.333	7.777
Après 15 ans de service......	2,600.000	216.666	7.222
Après 10 ans de service......	2,400.000	200.000	6.666
Au-dessous de 10 ans de service.	2,200.000	183.333	6.111
2° TRIBUNAUX MARITIMES (nouvelle formation).			
Officier, officier-marinier, sous-officier et employé en retraite attaché au service de la justice maritime.			
Commissaire près les conseils ou les tribunaux de révision, et commissaire rapporteur près les tribunaux maritimes des 2° et 5° arrondissements maritimes...............	»	»	»
Commissaire près les conseils de guerre des 2° et 3° arrondissements maritimes et commissaire rapporteur près les tribunaux maritimes des 1er, 3° et 4° arrondissements maritimes.	»	»	»
Commissaire près les conseils de guerre des 1er, 3° et 4° arrondissements maritimes et rapporteur près les conseils de guerre des 2° et 5° arrondissements maritimes.........	»	»	»
Rapporteur près les conseils de guerre des 1er, 3° et 4° arrondissements maritimes...................	»	»	»
Greffier.... — Des tribunaux maritimes des 2° et 5° arrondissements maritimes....................	»	»	»
Des conseils de guerre des 2° et 5° arrondissements maritimes, et des tribunaux maritimes des 1er, 3° et 4° arrondissements maritimes.	»	»	»
Des conseils ou des tribunaux de révision; des conseils de guerre des 1er, 3° et 4° arrondissements maritimes....................	»	»	»
Commis-greffier....................	»	»	»

INDEMNITÉ JUDICIAIRE (A).			SOLDE d'absence.	OBSERVATIONS.
par an.	par mois	par jour.	par jour.	
»	»	»	7ʳ638	(A) L'indemnité judiciaire est due aux officiers, officiers-mariniers, sous-officiers et employés en retraite, indépendamment de leur pension de retraite. Le paiement de cette indemnité est suspendu chaque fois que les officiers, officiers-mariniers, sous-officiers et employés s'absentent de leur poste ou cessent de remplir leur emploi pour un motif étranger au service. Toutefois, dans des cas exceptionnels et sur décision spéciale du Ministre, ils peuvent momentanément conserver, hors de l'exercice de leurs fonctions, la jouissance des indemnités qui leur sont allouées (art. 4 du décret du 21 juin 1858). Cette indemnité est conservée par l'officier, etc., qui obtient une permission de 30 jours.
»	»	»	6.944	
»	»	»	6.250	
»	»	»	5.555	
»	»	»	3.888	
»	»	»	3.611	
»	»	»	3.333	
»	»	»	3.055	
1,800ʳ000	150ʳ000	5ʳ000	»	
1,500.000	125.000	4.166	»	
1,200.000	100.000	3.333	»	
1,000.000	83.333	2.777	»	
1,200.000	100.000	3.333	»	
1,000.000	83.333	2.777	»	
800.000	66.666	2.222	»	
400.000	33.333	1.411	»	

20

TARIF N° 15.

AUMONIERS DE LA MARINE.

GRADES.		SOLDE DE PRÉSENCE.					
		A LA MER (A) proprement dite.			A TERRE.		
		par an.	par mois	par jour.	par an.	par mois.	par jour.
Aumônier en chef.	maximum..	»	»	»	12,000f000	1,000f000	33f333
	minimum..	»	»	»	10,000.000	833.333	27.777
Aumônier supérieur.......		5,400f000	450f000	15f000	4,500.000	375.000	12.500
Aumônier.....	de 1re classe.	3,600.000	300.000	10.000	3,000.000	250.000	8.333
	de 2e classe .	3,000.000	250.000	8.333	2,500.000	208.333	6.944

(A) Un supplément de 180 fr. par an est alloué aux aumôniers de la flotte embarqués, pour achat de pain d'autel, de vin et de cierges.

Nota. — Le supplément de résidence dans Paris est fixé par le tarif n° 30. Les suppléments en raison de fonctions spéciales sont fixés par le tarif n° 32.

TARIF N° 15 (suite).

AUMONIERS DE LA MARINE.

GRADES		EN CONGÉ.		EN captivité	SOLDE D'ABSENCE. EN NON-ACTIVITÉ.					
		à 2/3	à 1/2		Par suite d'infirmités temporaires, de licenciement de corps, de suppression d'emploi, etc.			Par suite de retrait d'emploi ou de suspension d'emploi.		
		par jour.	par jour.	par jour.	par an.	par mois.	par jour.	par an.	par mois.	par jour.
Aumônier en chef.	maximum.	»	»	»	7,000f000	583f333	19f444	5,600f000	466f666	15f555
	minimum.	»	»	»	6,000.000	500.000	16.666	4,800.000	400.000	13.333
Aumônier supérieur.		8f333	6f250	7f500	2,700.000	225.000	7.500	2,160.000	180.000	6.000
Aumônier.	de 1re cl.	5.555	4.166	5.000	1,800.000	150.000	5.000	1,440.000	120.000	4.000
	de 2e cl.	4.629	3.472	4.166	1,500.000	125.000	4.166	1,200.000	100.000	3.333

TARIF N° 16.

Examinateurs et professeurs d'hydrographie, professeurs de l'École navale et de l'École des mousses.

GRADES ET EMPLOIS.		SOLDE A LA MER. proprement dite.			SOLDE DE PRÉSENCE. SOLDE A TERRE.					
					SOLDE.			COMPLÉMENT DE SOLDE.		
		par an.	par mois.	par jour.	par an.	par mois.	par jour.	par an.	par mois.	par jour.
Examinateur d'hydrographie.		»	»	»	6,500f000	541f666	18f055	500f000	41f666	1f388
Professeur d'hydrographie.	de 1re classe. . .	5,400f000	450f000	15f000	4,500.000	375.000	12.500	»	»	»
	de 2e classe. . .	3,600.000	300.000	10.000	3,000.000	250.000	8.333	200.000	16.666	0.555
	de 3e classe. . .	3,000.000	250.000	8.333	2,500.000	208.333	6.944	»	»	»
Professeur de l'École navale ou de l'École des mousses.	de 1re classe . .	5,400.000	450.000	15.000	»	»	»	»	»	»
	de 2e classe. . .	3,600.000	300.000	10.000	»	»	»	»	»	»
	de 3e classe. . .	3,000.000	250.000	8.333	»	»	»	»	»	»
	de 4e classe. . .	2,400.000	200.000	6.666	»	»	»	»	»	»

NOTA. — Il est alloué aux examinateurs d'hydrographie, pour frais de tournée d'examen, une indemnité s'élevant à la somme brute de 3,800 fr. Cette allocation est exclusive de toute indemnité de route et de séjour. — Le supplément de résidence dans Paris des professeurs d'hydrographie est fixé par le tarif N° 30. Les frais de service sont fixés par le tarif N° 34. — La solde de l'examinateur chargé des examens de classement et de sortie de l'École navale est fixée par le tarif N° 49. — Il est alloué aux examinateurs chargés des examens d'admission à l'École navale une indemnité réglée par le Ministre, à raison de l'étendue des tournées à faire dans les départements.

TARIF N° 16 (suite).

Examinateurs et professeurs d'hydrographie, professeurs de l'École Navale, et de l'École des mousses.

GRADES ET EMPLOIS.	SOLDE D'ABSENCE.									
	EN CONGÉ.				EN NON-ACTIVITÉ.					
	à 2/3		à 1/2		Par suite d'infirmités temporaires, de licenciement de corps, de suppression d'emploi, etc.			Par suite de retrait d'emploi ou de suspension d'emploi.		
	solde par jour.	complément par jour.	solde par jour.	complément par jour.	par an.	par mois.	par jour.	par an.	par mois.	par jour.
Examinateur d'hydrographie.	»	»	»	»	3,800f000	316f666	10f555	3,040f000	253f333	8f444
Professeur d'hydrographie. — de 1re classe.	8f333	»	6f250	»	2,700.000	225.000	7.500	2,160.000	180.000	6.000
Professeur d'hydrographie. — de 2e classe.	5.555	0f370	4.166	0f277	1,800.000	150.000	5.000	1,440.000	120.000	4.000
Professeur d'hydrographie. — de 3e classe.	4.629	»	3.472	»	1,500.000	125.000	4.166	1,200.000	100 000	3.333

TARIF N° 17.

TRÉSORIERS DES INVALIDES DE LA MARINE.

EMPLOIS.	SOLDE DE PRÉSENCE.			SOLDE d'absence
	par an.	par mois.	par jour.	par jour.
Trésorier général.	15,000f000	1,250f000	41f666	20f833
Trésorier de 1re classe.	3,500.000	291.666	9.722	4.861
Trésorier de 2e classe.	2,500.000	208.333	6.944	3.472
Trésorier de 3e classe.	2,000.000	166.666	5.555	2.777

Nota. — L'indemnité de responsabilité, l'indemnité pour reddition de comptes, les frais de service et l'allocation pour proposés sont déterminés par décision ministérielle (Art. 7 du décret du 8 mai 1867.)

Le personnel des trésoriers des Invalides, reçoit la solde et les accessoires sur les crédits du budget de la caisse des Invalides de la marine.

TARIF N° 18.

INGÉNIEURS DES PONTS ET CHAUSSÉES.

EMPLOIS.	SOLDE DE PRÉSENCE.						SOLDE D'ABSENCE.	
	TRAITEMENT FIXE.			COMPLÉMENT DE SOLDE.			Traitement par jour.	Complément par jour.
	par an.	par mois	par jour.	par an.	par mois.	par jour.		
Inspecteur général. { de 1re cl. .	15,000f000	1,250f000	41f666	1,500f000	125f000	4f166	20f833	2f083
{ de 2e cl. .	12,000.000	1,000.000	33.333	2,500.000	208.333	6.944	16.666	3.472
Ingénieur en chef de 1re cl., directr.	8,000.000	666.666	22.222	4,000.000	333.333	11.111	11.111	5.555
Ingénieur en chef de 1re cl.	7,000.000	583.333	19.444	4,000.000	333.333	11.111	9.722	5.555
Ingénieur en chef de 2e cl., directr.	6,000.000	500.000	16.666	4,000.000	333.333	11.111	8.333	5.555
Ingénieur ordinaire. { de 1re cl. .	4,500.000	375.000	12.500	2,400.000	200.000	6.666	6.250	3.333
{ de 2e cl. .	3,600.000	291.666	9.722	2,000.000	166.666	5.555	4.861	2.777
{ de 3e cl. .	2,500.000	208.333	6.944	1,600.000	133.333	4.444	3.472	2.222
Élève.	1,800.000	150.000	5.000	1,600.000	133.333	4.444	2.500	2.222

Nota. — Le traitement fixe des ingénieurs des ponts et chaussées est passible d'une retenue de 5 0/0 au profit du trésor public. En cas d'avancement, on doit verser au trésor public le 1er douzième de la différence du traitement fixe; en cas de congé avec solde d'absence, la moitié du traitement fixe doit également être versée au trésor public. Le complément de solde des ingénieurs est passible de la retenue de 3 0/0 au profit de la caisse des Invalides de la marine. Les retenues de congé sur le complément de solde des ingénieurs sont versées à la caisse des Invalides de la marine.

TARIF N° 19.

DIVERS SERVICES.

EMPLOIS.	SOLDE DE PRÉSENCE. OU INDEMNITÉ DE FONCTIONS.		
	par an.	par mois.	par jour.
1° Bibliothèques.			
Conservateur de la bibliothèque du port à Brest. — Solde.	2,000f000	216f066	7f222
Conservateur de la bibliothèque du port à Toulon. — Indemnité	1,000.000	83.333	2.777
Conservateur de la bibliothèque du port à Cherbourg, Lorient et Rochefort. Conservateur de la bibliothèque de l'hôpital à Cherbourg, Brest, Rochefort et Toulon . . . . } Indemnité. . . .	800.000	66.666	2.222
2° Examinateur d'admission et de sortie de l'École navale.			
Examinateur chargé des examens de classement et de sortie de l'École navale. — Traitement.	(A) 6,000.000	500.000	16.666
Examinateur d'admission. — Indemnité fixée par le Ministre à raison de l'étendue de la tournée à faire dans les départements	»	»	»
3° Service des traites de la marine.			
Agent comptable des traites de la marine. { Traitement	6,000.000	500.000	16.666
Agent comptable des traites de la marine. { Abonnement pour frais d'écritures et de bureau . . .	2,000.000	166.666	5.555
4° Écoles de dessin à Brest et à Toulon.			
Professeur de 2° classe	3,000.000	250.000	8.333
— de 3° classe	2,500.000	208.333	6.944

(A) Traitement de l'examinateur chargé des examens de classement et de sortie de l'École navale, lorsque ce fonctionnaire ne reçoit pas d'autre traitement sur le budget de la marine.

TARIF N° 20.

MAÎTRES PRINCIPAUX, MAÎTRES ENTRETENUS DE TOUTES PROFESSIONS
CONDUCTEURS PRINCIPAUX ET ORDINAIRES DES TRAVAUX HYDRAULIQUES.

EMPLOIS.		SOLDE DE PRÉSENCE.						SOLDE d'absence en congé.
		EN EUROPE.			EN ALGÉRIE.			
		par an.	par mois.	par jour.	par an.	par mois	par jour.	par jour.
Maîtres principaux de toutes professions (dessinateurs, etc.), conducteurs principaux des travaux hydrauliques . . .	de 1re cl.	3,200f000	266f666	8f888	4,266f666	355f555	11f851	4f444
	de 2e cl.	2,800.000	233.333	7.777	3,733.333	311.111	10.333	3.888
Maîtres entretenus de toutes professions (commis dessinateurs, etc.), conducteurs des travaux hydrauliques	de 1re cl.	2,200.000	183.333	6.111	2,866.666	238.888	7.963	3.055
	de 2e cl.	1,800.000	150.000	5.000	2,400.000	200.000	6.666	2.500
	de 3e cl.	1,600.000	133.333	4.444	2,100.000	175.000	5.833	2.222

NOTA. — Le supplément de résidence dans Paris est fixé par le tarif n° 30.
Les maîtres principaux et les maîtres entretenus ordinaires du service forestier reçoivent un supplément de fonctions de 900 fr. par an. Le même supplément (900 fr.) est alloué aux maîtres entretenus détachés des arsenaux maritimes pour servir soit à Paris, soit dans les ports de commerce, soit dans toute autre localité, quel que soit le service auquel ils sont affectés.
Les maîtres principaux et les maîtres entretenus ordinaires, chefs d'atelier, détachés aux colonies, etc., reçoivent des suppléments spéciaux.
Les maîtres entretenus, chefs des compagnies d'ouvriers pompiers reçoivent une indemnité annuelle de 120 fr. Les conducteurs des travaux hydrauliques dirigeant les travaux peuvent recevoir un supplément de 200 à 400 fr. par an.

TARIF N° 21.

PERSONNEL DES ÉCOLES DE MAISTRANCE, ÉCOLES ÉLÉMENTAIRES, ETC.

EMPLOIS.	SOLDE DE PRÉSENCE.			SOLDE d'absence en congé.
	par an.	par mois.	par jour.	par jour.
1° Écoles normales de maistrance et écoles préparatoires de maistrance.				
Suppléments aux professeurs des divers corps de la marine. Voir tarif n° 32..............	»	»	»	»
2° Écoles élémentaires des apprentis.				
Professeur titulaire....................	1,200f000	100f000	3f333	1f666
Frère des écoles chrétiennes	900.000	75.000	2.500	»
Maîtresse de l'école des filles à Indret........	900.000	75.000	2.500	1.250
Sous-maîtresse id. id.	700.000	58.333	1.944	0.972
3° École normale des instituteurs brevetés de la flotte.				
Professeur chargé du cours normal à Rochefort. — Solde....................	2,400.000	200.000	8.666	»
Indemnité tenant lieu de logement et de frais de bureau	600.000	50.000	1.666	»
4° École des mousses.				
Sous-professeur { de 1re classe............	1,600.000	133.333	4.444	»
{ de 2e classe............	1,400.000	116.666	3.888	»

Voir pour les suppléments de fonctions des officiers et des agents chargés d'un cours le tarif n° 32.

TARIF N° 22.

COMMIS AUX VIVRES ET MAGASINIERS ENTRETENUS DE LA FLOTTE.

EMPLOIS.		SOLDE DE PRÉSENCE À TERRE.			SOLDE d'absence en congé.
		par an.	par mois.	par jour.	par jour.
Premier commis aux vivres et magasinier	de 1re classe.	1,300f000	108f333	3f611	1f805
	de 2e classe.	1,200.000	100.000	3.333	1.666
Second commis aux vivres de 1re classe et magasinier de 3e classe		1,000.000	83.333	2.777	1.388
Second commis aux vivres de 2e classe et magasinier de 4e classe		900.000	75.000	2.500	1.250

NOTA. — La solde à la mer du personnel des commis aux vivres et des magasiniers de la flotte est fixée par les tarifs annexés au décret du 11 août 1856 et par la décision impériale du 6 avril 1867.

TARIF N° 23.

GUETTEURS DES ÉLECTRO-SÉMAPHORES.

EMPLOIS.		SOLDE DE PRÉSENCE.			SOLDE d'absence en congé.
		par an.	par mois.	par jour.	par jour.
Chef guetteur.	de 1re classe	1,100f000	91f666	3f055	1f527
	de 2e classe	1,000.000	83.333	2.777	1.388
Guetteur	de 1re classe	900.000	75.000	2.500	1.250
	de 2e classe	800.000	60.666	2.222	1.111
Guetteur suppléant		700.000	58.333	1.944	0.972

TARIF N° 24.

DIVERS AGENTS.

EMPLOIS.	SOLDE DE PRÉSENCE.			SOLDE d'absence en congé.
	par an.	par mois.	par jour.	par jour.
Chef de pilotage.	1,800f000	150f000	5f000	2f500
Inspecteur des signaux.	1,400.000	116.666	3.888	1.944
Inspecteur des pêches.	1,200.000	100.000	3.333	1.666
Syndic des gens de mer. — de 1re classe	1,000.000	83.333	2.777	1.388
Syndic des gens de mer. — de 2e classe	900.000	75.000	2.500	1.250
Syndic des gens de mer. — de 3e classe	800.000	66.666	2.222	1.111
Garde maritime — de 1re classe	800.000	66.666	2.222	1.111
Garde maritime — de 2e classe	700.000	58.333	1.944	0.972

NOTA. — Les syndics des gens de mer et les gardes-maritimes reçoivent pour entretien de bateaux un supplément dont la quotité déterminée par le Ministre varie de 100 à 120 fr. par an. Le Ministre désigne ceux de ces agents auxquels l'allocation dont il s'agit doit être attribuée.

TARIF N° 25.

PERSONNEL DE SURVEILLANCE DES PRISONS MARITIMES.

EMPLOIS.	SOLDE DE PRÉSENCE.			SOLDE d'absence en congé.
	par an.	par mois.	par jour.	par jour.
Surveillant principal. — de 1re classe	1,800f000	150f000	5f000	2f500
Surveillant principal. — de 2e classe	1,700.000	141.666	4.722	2.361
Surveillant chef de travaux. — de 1re classe	1,500.000	125.000	4.166	2.083
Surveillant chef de travaux. — de 2e classe	1,400.000	116.666	3.888	1.944
Surveillant. — de 1re classe	1,200.000	100.000	3.333	1.666
Surveillant. — de 2e classe	1,100.000	91.666	3.055	1.527

NOTA. — Les surveillants principaux reçoivent, à titre d'indemnité d'habillement, une indemnité annuelle de 200 fr., les surveillants chefs de travaux 150 fr. et les surveillants 120 fr.

Chaque agent nouvellement admis reçoit, à titre de première mise, une somme égale à l'indemnité annuelle fixée pour son habillement; pendant la première année, l'indemnité annuelle est réduite de moitié. La promotion à un grade supérieur donne droit à la différence entre la première mise déjà touchée et celle qui est afférente au nouveau grade.

TARIF N° 26.

MARINS VÉTÉRANS.

GRADES.	SOLDE DE PRÉSENCE.			SOLDE d'absence. en congé.	OBSERVATIONS.
	par an.	par mois.	par jour.	par jour.	
Premier maître vétéran..	1,300f000	108f333	3f611	1f805	Il est alloué une indemnité d'habillement fixée par homme et par an à 54 fr. — Il n'est alloué au personnel des marins vétérans aucune allocation pour indemnité de vivres et de casernement. — Aucune prime de réadmission ne peut être attribuée à ce personnel qui n'a pas droit aux hautes payes pour ancienneté. Un supplément de 8 fr. par mois est alloué au 1er maître vétéran qui, dans chacun des cinq ports militaires, est chargé de la comptabilité des bâtiments désarmés.
Maître vétéran..........	1,100.000	91.666	3.055	1.527	
Second maître vétéran...	900.000	75.000	2.500	1.250	
Quartier-maître vétéran. .	800.000	66.666	2.222	1.111	
Matelot vétéran.	700.000	58.333	1.944	0.972	

TARIF N° 27.

PERSONNEL DU GARDIENNAGE.

EMPLOIS.		SOLDE DE PRÉSENCE.						SOLDE d'absence en congé.
		EN EUROPE.			EN ALGÉRIE.			
		par an.	par mois	par jour.	par an.	par mois	par jour.	par jour.
Gardien-chef. .	de 1re cl..	1,800f000	150f000	5f000	2,258f000	188f166	6f272	2f500
	de 2e cl..	1,600.000	133.333	4,444	2,007.000	167.250	5.575	2.222
Gardien-major.	de 1re cl..	1,400.000	116.666	3.888	1,756.000	146.333	4.877	1.944
	de 2e cl..	1,300.000	108.333	3.611	1,620.000	135.000	4.500	1.805
Portier-consigne	de 1re cl..	1,100.000	91.666	3.055	1,340.000	114.666	3.722	1.527
	de 2e cl..	1,000.000	83.333	2.777	1,228.000	102.333	3.411	1.388
Gardien-concierge	de 1re cl..	1,100.000	91.666	3.055	1,340.000	111.666	3.722	1.527
	de 2e cl..	1,000.000	83.333	2.777	1,228.000	102.333	3.411	1.388
Gardien-portier.	de 1re cl..	900.000	75.000	2.500	1,120.000	93.333	3.111	1.250
	de 2e cl..	800.000	66.666	2.222	1,008.000	84.000	2.800	1.111
Gardien ambulant	de 1re cl..	900.000	75.000	2.500	1,096.000	91.333	3.044	1.250
	de 2e cl..	800.000	66.666	2.222	984.000	82.000	2.733	1.111
Gardien de bureau	de 1re cl..	800.000	66.666	2.222	996.000	83.000	2.766	1.111
	de 2e cl..	700.000	58.333	1.944	884.000	73.666	2.455	0.972
Patron de canot.		900.000	75.000	2.500	1,120.000	93.333	3.111	1.250

NOTA. — Il est alloué à chacun des agents dénommés ci-dessus, pour renouvellement et entretien des effets d'habillement une indemnité annuelle, savoir :

Gardien-chef. 150f000
Gardien-major. 120.000
Portier-consigne et gardien-concierge. . 100.000
Gardien-portier, gardien ambulant, gardien de bureau et patron de canot.. } 80.000

Chaque agent nouvellement admis reçoit, à titre de première mise, une somme égale à l'indemnité annuelle d'habillement fixée pour son emploi. Pendant la première année, l'indemnité annuelle d'habillement est réduite à la moitié.

Les portiers-consignes nommés gardiens-majors, et les gardiens-majors, nommés gardiens-chefs, ont droit à la différence entre la première mise d'habillement qu'ils ont déjà touchée et celle afférente à leur nouvel emploi, sans aucune réduction sur l'allocation annuelle.

Les gardiens des bibliothèques reçoivent un supplément de 10 fr. par mois.
Les gardiens-portiers, vaguemestres des prisons, reçoivent un supplément de 4 fr. 50 par mois (Décret du 8 mai 1872).

TARIF N° 28.

COMPAGNIES DE POMPIERS.

EMPLOIS.		SOLDE DE PRÉSENCE.			SOLDE d'absence en congé.
		par an.	par mois.	par jour.	par jour.
Contre-maître.		1,150^{f}000	95^{f}833	3^{f}194	1^{f}597
Aide-contre-maître.		1,050.000	87.500	2.916	1.458
Ouvrier pompier.	de 1re classe.	850.000	70.833	2.364	1.180
	de 2e classe.	750.000	62.500	2.083	1.041
	de 3e classe.	650.000	54.166	1.805	0.902

Nota. — Les maîtres entretenus chefs des compagnies de pompiers reçoivent une indemnité annuelle de 120 fr.

Il est alloué aux contre-maîtres, pour entretien et renouvellement de leur habillement, une indemnité annuelle de 72 fr.; aux aides-contre-maîtres et aux ouvriers pompiers, au même titre, une indemnité annuelle de 54 fr. Les nouveaux engagés ont droit à une première mise de 54 fr. Dans ce cas, l'indemnité annuelle est réduite de moitié; la nomination au grade de contre-maître donne droit à la différence entre la première mise déjà payée et l'indemnité annuelle afférente au nouveau grade.

Il est alloué une indemnité de 50 fr. par an payable par mois (4^{f}166) aux contre-maîtres, aides-contre-maîtres et ouvriers pompiers qui sont logés dans un rayon d'un kilomètre du point de réunion qui leur est assigné dans l'arsenal en cas d'incendie. *(Décret du 14 mars 1868.)*

TARIF N° 29.

JARDINIERS BOTANISTES ENTRETENUS DU SERVICE DES HOPITAUX.

EMPLOIS.		SOLDE DE PRÉSENCE.			SOLDE d'absence en congé.
		par an.	par mois.	par jour.	par jour.
Jardinier botaniste entretenu.	de 1re classe.	2,000^{f}000	166^{f}666	5^{f}555	2^{f}777
	de 2e classe.	1,800.000	150.000	5.000	2.500
	de 3e classe.	1,500.000	125.000	4.166	2.083

Décret du 15 mars 1853.

RIF Nº 30.

SUPPLÉMENT DE RÉSIDENCE DANS PARIS (Art. 93).

GRADES OU EMPLOIS.	SUPPLÉMENT DE RÉSIDENCE DANS PARIS.		
	par an.	par mois.	par jour.
Vice-amiral et assimilé	2,000f000	166f666	5f555
Contre-amiral et assimilé	1,500.000	125.000	4.166
Capitaine de vaisseau et assimilé.	1,200.000	100.000	3.333
Capitaine de frégate et assimilé	1,200.000	100.000	3.333
Commissaire adjoint et assimilé	1,080.000	90.000	3.000
Lieutenant de vaisseau et assimilé	750.000	62.500	2.083
Enseigne de vaisseau et assimilé	720.000	60.000	2.000
Aspirant de 1re classe et assimilé	600.000	50.000	1.666
Commis du commissariat de 1re classe.	750.000	62.500	2.083
id de 2e et de 3e classe.	720.000	60.000	2.000
Commis du commissariat de 4u classe; commis des directions de travaux, commis de la comptabilité des matières.	600.000	50.000	1.666
Maître principal. . . . { de 1re classe.	1,066.666	88.888	2.962
{ de 2e classe.	933.333	77.777	2.592
Maître entretenu. . . . { de 1re classe.	733.333	61.111	2.037
{ de 2e classe.	600.000	50.000	1.666
{ de 3e classe.	533.333	44.444	1.481
Écrivain titulaire de la comptabilité des matières. .	500.000	44.666	1.388
Écrivain auxiliaire id. id. . .	400.000	33.333	1.111
Magasi- { de 1re classe de la comptabilité des matières.	533.333	44.444	1.481
nier. { de 2e classe id. id. .	466.666	38.888	1.296
{ de 3e classe id. id. .	600.000	50.000	1.666
Distribu- { de 1re classe id. id. .	550.000	45.833	1.517
teur. { de 2e classe id. id. .	400.000	33.333	1.111
Autres agents ayant une solde supérieure à 1,200 fr. par an. — Le supplément de résidence est fixé au tiers de la solde.	»	»	»
Autres agents ayant une solde de 1200 fr. et au-dessous. — Le supplément de résidence est fixé à la moitié de la solde.	»	»	»
Garde principal d'artillerie faisant fonctions de maître principal. . . . . . { de 1re classe. — Complément de supplément de résidence dans Paris.	339.246	28.254	0.944
{ de 2e classe. — Complément de supplément de résidence dans Paris..	205.913	17.159	0.571

TARIF N° 81.

INDEMNITÉS POUR FRAIS DE REPRÉSENTATION (Art. 136).

GRADES ET EMPLOIS.	INDEMNITÉ POUR FRAIS DE REPRÉSENTATION.		
	par an.	par mois.	par jour.
Amiral (A)......................	»	»	»
Vice-amiral. . . } Contre-amiral. . } Inspecteur général d'armes (B)..	»	»	»
Vice-amiral commandant en chef, Préfet maritime. — Voir le tarif n° 1	»	»	»
Commandant de la marine en Algérie	8,500f000	708f333	23f611
Contre-amiral. . { Major général.	2,000.000	166.666	5.555
Contre-amiral. . { Major de la flotte.	2,000.000	166.666	5.555
Capitaine de vaisseau commandant la division des équipages de la flotte à.. { Brest. .... Toulon.	1,800.000	150.000	5.000
Capitaine de vaisseau ou capitaine de frégate commandant la division des équipages de la flotte à. .... { Cherbourg. . Lorient. ... Rochefort...	1,200.000	100.000	3.333

(A) Les frais de représentation des amiraux sont fixés par décret spécial.

(B) Les frais de représentation des vice-amiraux et des contre-amiraux chargés d'une mission d'inspection générale sont déterminés par le ministre de la marine, selon l'importance et la durée des missions.

TARIF N° 32.

SUPPLÉMENTS A RAISON DE FONCTIONS SPÉCIALES.

GRADES ET EMPLOIS.	INDEMNITÉ OU SUPPLÉMENT			OBSERVATIONS.
	par an.	par mois.	par jour.	
1° Officiers de marine.				(A) Cette allocation est indépendante de l'indemnité pour frais de représentation fixée par le tarif n° 31.
Capitaine de vaisseau. Major général.	1,750f000	145f833	4f681	
Major de la marine.				(B) Ce supplément n'est alloué à l'examinateur que pendant la durée des tournées d'examen. Le capitaine de vaisseau examinateur reçoit une indemnité de frais de tournées s'élevant à la somme brute de 3,800 fr. Cette allocation est exclusive de toute indemnité pour frais de route et de séjour.
Major de la flotte.				
Commandant une division des équipages de la flotte (A).				
Directeur des mouvements du port commandant le bâtiment central de la réserve.	1,250.000	104.166	3.472	
Examinateur de pratique des capitaines du commerce (B).				
Capitaine de frégate (C). Commandant la division des équipages de la flotte (A).				(C) Les capitaines de frégate, présidents des commissions de recette n'ont droit à aucun supplément.
Commandant en second ou major de la division.				Nota. — Les gardes principaux d'artillerie nommés aux fonctions de maîtres principaux reçoivent un complément de solde :
Commandant le bâtiment central de la réserve.	1,000.000	83.333	2.777	
Majorité. — Aide-major.				
Inspecteur du service des charbonnages.				*1° En service à Paris.*
Sous-directeur des mouvements du port.				Garde principal faisant fonctions de maître principal de 1re classe. . . . 749f485
Commissaire de la République près les Conseils de guerre.				
Commandant en second le bâtiment central de la réserve.	800.000	66.666	2.222	Garde principal faisant fonctions de maître principal de 2e classe. . . . 349f485
Directeur des mouvements du port en Algérie.				*2° En service dans les ports et dans les établissements hors des ports.*
Chef d'état-major du commandant de la marine en Algérie.	500.000	41.666	1.388	Garde principal faisant fonctions de maître principal de 1re classe. . . . 842f268
Inspecteur des électro-sémaphores.				
2° Mécaniciens principaux.				Garde principal faisant fonctions de maître principal de 2e classe. . . . 442f268
Mécanicien principal de 1re classe adjoint au major de la flotte.	800.000	66.666	2.222	
Mécanicien principal de 1re ou de 2e classe embarqué sur les bâtiments de la 2e et de la 3e catégorie de la réserve ainsi que sur le bâtiment central.	800.000	66.666	2.222	Ce complément, imputable sur les crédits du chapitre : maîtres entretenus, est passible de la retenue de 3 0/0 au profit de la caisse des invalides de la marine. Pour le complément du supplément de résidence, voir le tarif n° 30.
3° Artillerie (Usines).				
Officiers d'artillerie. Directeur. à Ruelle.	2,000.000	166.666	5.555	
Directeur. à Nevers.	1,200.000	100.000	3.333	
Sous-directeur, à Ruelle et à Nevers.	600.000	50.000	1.666	
Adjoint à Ruelle et à Nevers.	300.000	25.000	0.833	
Officiers attachés à la Commission de Gavres. (D) Colonel et assimilé.	1,200.000	100.000	3.333	(D) Les indemnités de fonctions déterminées par le présent tarif remplacent l'indemnité de déplacement.
Lieut.-colonel et assimilé.				
Chef d'escadron et assimilé.				
Professeur après vingt ans d'exercice.	1,080.000	90.000	3.000	
Capitaine et assimilé.	750.000	62.500	2.083	
Lieutenant et assimilé.	720.000	60.000	2.000	

TARIF N° 32 (suite):

SUPPLÉMENTS A RAISON DE FONCTIONS SPÉCIALES.

GRADES OU EMPLOIS.	INDEMNITÉ OU SUPPLÉMENT.			OBSERVATIONS.
	par an.	par mois.	par jour.	
4° Génie maritime.				
Directeur des constructions navales — à Brest et à Toulon	2,000ʳ000	166ʳ666	5ʳ555	
Directeur des constructions navales — à Cherbourg, à Lorient et à Rochefort	1,000.000	83.333	2.777	
Directeur des établissements — d'Indret — de la Chaussade	2,000.000	166.666	5.555	
5° Commissariat de la marine.				
Commissaire général à Brest et à Toulon. Chef du service au Havre, à Nantes, à Bordeaux et à Marseille	2,000.000	166.666	5.555	
Commissaire général à Cherbourg, à Lorient et à Rochefort. Chef du service à Dunkerque, à St.-Servan et à Bastia	1,000.000	83.333	2.777	
	1,000.000	83.333	2.777	
Officier du commissariat (A). — Ordonnateur en Algérie	600.000	50.000	1.666	(A) Dans les ports où il y a des bâtiments de servitude, il est alloué à l'officier du commissariat, chargé de la comptabilité de ces bâtiments, un supplément annuel de 300 fr. qui comprend l'indemnité de frais de bureau.
Trésorier des divisions des équipages de la flotte. — à Brest et à Toulon	600.000	50.000	1.666	
Trésorier des divisions des équipages de la flotte. — à Cherbourg, Lorient et Rochefort	400.000	33.333	1.111	
Secrétaire des Conseils d'administration et Chefs des secrétariats des préfets et des commissaires généraux. — à Brest et à Toulon	400.000	33.333	1.111	
Secrétaire des Conseils d'administration et Chefs des secrétariats des préfets et des commissaires généraux. — à Cherbourg, à Lorient, à Rochefort	300.000	25.000	0.833	
Trésorier — Sur un bâtiment ayant un effectif de 601 hommes et au-dessus	800.000	66.666	2.222	
Trésorier — Sur un bâtiment ayant un effectif de 501 à 600 hommes	600.000	50.000	1.666	
Trésorier — Sur un bâtiment ayant un effectif de 301 à 500 hommes	400.000	33.333	1.111	
Trésorier — Sur un bâtiment ayant un effectif de 201 à 300 hommes	300.000	25.000	0.833	
Trésorier — Sur un bâtiment ayant un effectif de 101 à 200 hommes	200.000	16.666	0.555	
Trésorier — Sur un bâtiment ayant un effectif de 45 à 100 hommes	100.000	8.333	0.277	
Officier d'administration des bâtiments de la réserve. — Bâtiment central de la réserve. — à Cherbourg, à Brest et à Toulon	600.000	50.000	1.666	
Officier d'administration des bâtiments de la réserve. — Bâtiment central de la réserve. — à Lorient et à Rochefort	400.000	33.333	1.111	
Vaisseaux, frégates, transports au-dessus de 1200 t., et corvettes en 1ʳᵉ catégorie	200.000	16.666	0.555	
Bâtiments inférieurs en 1ʳᵉ catégorie	100.000	8.333	0.277	
6° Inspection de la marine.				
Inspecteur adjoint. — à Indret	1,200.000	100,000	3.333	Dont { 800 fr. pour la Chaussade;
Inspecteur adjoint. — à la Chaussade	1,200.000	100,000	3.333	400 fr. pour Nevers.

TARIF N° 32 (suite).

SUPPLÉMENTS A RAISON DE FONCTIONS SPÉCIALES.

GRADES OU EMPLOIS		INDEMNITÉ OU SUPPLÉMENT.			OBSERVATIONS.
		par an.	par mois.	par jour.	
7° Corps de santé de la marine.					
Attaché à la division des équipages de la flotte.	Médecin principal. . .	800f000	66f666	2f222	(A) Les agents administratifs chargés des fonctions de trésorier dans les directions de travaux des ports et des établissements hors des ports, reçoivent en outre à titre d'indemnité de responsabilité payable sur les fonds « *salaires d'ouvriers* » 0,25 c. par 1000 fr. sur le montant des sommes encaissées par le Conseil d'administration et jusqu'à concurrence de 750 fr. par an. Le paiement de cette indemnité a lieu en fin d'année. — Art. 20 du règlement du 7 février 1865.
	Médecin de 1re classe.	600.000	50.000	1.666	
	Médecin de 2e classe .	400.000	33.333	1.111	
	Aide-médecin	200.000	16.666	0.555	
Attaché à	Indret				
	Ruelle	300.000	25.000	0.833	
	La Chaussade				
Embarqués sur les bâtiments de la 2e et de la 5e catégorie de la réserve, ainsi que sur le bâtiment central.	Médecin de 1re cl.	600.000	50.000	1.666	
	Médecin de 2e cl.	400.000	33.333	1.111	
8° Personnel administratif des directions de travaux.					(B) Les suppléments qui peuvent être accordés au personnel des comptables sont réglés par des décisions spéciales du Ministre. Indemnités de responsabilité. V. Tarif n° 44.
Chargé en chef du service à	Indret.	1,000.000	83.333	2.777	
	La Chaussade.	800.000	66.666	2.222	
	Ruelle.	600.000	50.000	1.666	
Caissier à	Indret.	300.000	25.000	0.833	
	La Chaussade.				
Trésorier dans les directions de travaux des ports et des établissements hors des ports		250.000	20.833	0.694	(C) Ces examinateurs reçoivent une indemnité fixe de 300 fr. payée en fin d'examen.
9° Comptables des matières (B).					
10° Aumôniers de la flotte.					(D) Le capitaine d'artillerie et le capitaine d'infanterie embarqués comme professeurs sur le bâtiment-école d'application des aspirants, ont droit, avec la solde de première classe de leur grade au supplément du tiers de la solde accordé aux officiers employés dans les écoles militaires. — Ord. du 16 septembre 1843 et décision impériale du 16 novembre 1854.
Aumônier adjoint à l'aumônier en chef. . .		1,000.000	83.333	2.777	
11° Écoles.					
École navale.					
Examinateurs (des divers corps), des élèves de l'École navale pour les examens de sortie (C).		»	»	»	
Lieutenant de vaisseau et professeur d'hydrographie chargé d'un cours à l'École navale		800.000	66.666	2.222	
École d'application des aspirants.					
Officiers des différents corps de la marine, chargés d'un cours à bord du bâtiment-école d'application. . .	Lieutenant de vaisseau.	800.000	66.666	2.222	
	Mécanicien principal. .				
	Sous-ingénieur.				
	Officier du commissariat	500.000	41.666	1.388	
	Médecin-major.				
	Capitaine d'artillerie (D)	»	»	»	
	Capitaine d'infanterie (D)				

22

TARIF N° 32 (suite).

SUPPLÉMENTS A RAISON DE FONCTIONS SPÉCIALES.

GRADES OU EMPLOIS	INDEMNITÉ OU SUPPLÉMENT.			OBSERVATIONS.
	par an.	par mois.	par jour.	
École de canonnage.				(A) Mêmes règles d'allocation que pour les officiers d'artillerie et d'infanterie embarqués sur le bâtiment-école d'application des aspirants. (Voir la page précédente.)
Officier d'artillerie (A)	»	»	»	
École du génie maritime.				
Directeur de l'école.	2,000ʳ000	166ʳ666	5ʳ555	
Ingénieur et sous-ingénieur professeur . .	1,000.000	83.333	2.777	
Commis dessinateur chargé de la comptabilité de l'école	400.000	33.333	1.111	(B) Une somme annuelle de 1400 fr. est répartie entre les agents chargés des leçons dans chaque école, par le Conseil d'administration, dans les ports, sur la proposition du directeur des constructions navales; à Indret et à Guérigny, sur la proposition du sous-directeur. — Un supplément de 150 fr. par an est alloué au contre-maître surveillant. — Régl. des 14 et 22 février 1868.
Cours et conférences.				
Officier supérieur et assimilé chargé d'un cours.	500.000	41.666	1.388	
Officier inférieur et assimilé chargé d'un cours.	250.000	20.833	0.694	
Professeur d'hydrographie chargé du cours des sous-officiers des corps de troupe . .	600.000	50.000	1.666	
Écoles d'administration des fourriers.				
Officier du commissariat professeur des caporaux fourriers des équipages de la flotte.	400.000	33.333	1.111	(C) Dans le cas où une même personne fait plus d'un cours, le supplément qu'elle touche ne peut dépasser 1,200 fr. par an. — Art. 17 du réglement du 14 février 1868.
Écoles de maistrance.				
1° *Écoles préparatoires de maistrance.*				
Professeurs (B)	»	»	»	(D) Un des maîtres professeurs est chargé de l'enseignement général du dessin linéaire.
2° *Écoles normales de maistrance (C).*				Une somme annuelle de 1200 fr. est répartie entre ces maîtres par le Conseil d'administration, sur la proposition du directeur des constructions navales. Un supplément de 150 fr. par an est alloué au contre-maître surveillant (art. 17 du règlement du 14 février 1868.
Officier et assimilé chargé du { Cours de mathématiques élémentaires. . . . . Cours de mécanique . . . . . — de technologie. . . . . — de langue française et de comptabilité.	800.000	66.666	2.222	
Maître principal et entretenu chargé du { Cours de charpentage (D). . — des machines à vapeur. — de la voilerie.	»	»	»	
Établissement des pupilles de la marine.				(E) Une indemnité de 180 fr. par an pour logement est accordée à chaque frère.
Officier commandant de l'établissement. . .	1,000.000	83.333	2.777	
Officier commandant en second	250.000	20.833	0.694	
Sous-commissaire, trésorier.	400.000	33.333	1.111	(F) Ce supplément se cumule avec le supplément attribué au personnel embarqué sur les bâtiments de la 2ᵉ et de la 3ᵉ catégorie de la réserve ainsi que sur le bâtiment central de la réserve, même tarif et tarif n° 33.
Personnel instituteur, par personne chargée de l'enseignement (E).	600.000	50.000	1.388	
Écoles des mécaniciens (F).				
Lieutenant de vaisseau chargé d'un cours.	800.000	66.666	2.222	
Mécanicien principal *id. id.* .	800.000	66.666	2.222	
1ᵉʳ Maître mécanicien *id. id.* .	500.000	41.666	1.388	

TARIF N° 33.

Supplément alloué aux officiers de marine occupant à terre certains emplois déterminés (art. 92 du décret), ou embarqués sur les bâtiments de la 2e et de la 3e catégorie de la réserve ou sur le bâtiment central.

GRADES ET EMPLOIS.	SUPPLÉMENT.			OBSERVATIONS.
	par an.	par mois.	par jour.	
Lieutenant de vaisseau de 1re et de 2e classe (B). — Embarqué sur les bâtiments de la 2e et de la 3e catégorie de la réserve et sur le bâtiment central (A).				(A) Cette indemnité est de 500 fr. par an pour le lieutenant de vaisseau en second.
Division des équipages de la flotte. { Adjudant-major. — Trésorier. — Capitaine d'habillement. — Capitaine d'armement. — Officier de compagnie.				(B) Un supplément de solde de 500 fr. par an est alloué aux lieutenants de vaisseau ayant douze années de service dans ce grade, art. 94 du décret.
Majorité générale. { Sous-aide major. — Secrétaire. — Chargé des archives.				(C) S'ils font partie du cadre déterminé par la circulaire du 10 février 1859. *B.O.*, page 64.
Majorité de la flotte. { Secrétaire. — Adjoint.				Nota. — Il peut être accordé, à titre de supplément, aux lieutenants de vaisseau du cadre de résidence fixe, deux augmentations successives de solde. La première de ces augmentations est de 750 fr. par an, et la seconde de 800 fr. (art. 4 du décret du 25 juillet 1873, *B. O.*, page 74).
Chargé de l'observatoire.	250ᶠ000	20ᶠ833	0ᶠ694	Les lieutenants de vaisseau attachés à la succursale de Landévennec (Brest), n'ont droit à aucun supplément de solde. Considérés comme embarqués, ils reçoivent avec la solde à la mer, une allocation de traitement de table et des frais de bureau.
Mouvements du port. { Chargé du port et de la rade. — de la garniture. — des gabiers. — de la voilerie. — des pompiers. — de la garde de l'arsenal (C).				
Rapporteur près les conseils de guerre. Directeur des mouvements d'un port de commerce.				
Substitut du 1er conseil de guerre.				
Algérie { Aide-de-camp ou officier d'ordonnance. — Secrétaire. — Directeur des mouvements du port.				
Enseigne de vaisseau. { Division des équipages de la flotte. Officier de compagnie ou suivant le cours à Lorient. — Algérie. — Officier d'ordonnance ou secrétaire.	250.000	20.833	0.694	

TARIF N° 34.

ÉCOLES D'HYDROGRAPHIE, FRAIS D'ÉCOLE.

GRADES OU EMPLOIS.		FRAIS D'ÉCOLE.			OBSERVATIONS.
		par an.	par mois.	par jour.	
Professeur d'hydrographie.	Ecole de 1re classe . .	600f000	50f000	1f666	
	id. de 2e classe. . .	500.000	44.666	1.388	
	id. de 3e classe. . .	400.000	33.333	1.111	
	id. de 4e classe. . .	300.000	25.000	0.833	

TARIF N° 35.

Frais de service alloués aux Commissaires de l'inscription maritime et aux administrateurs des sous-quartiers (Art. 108).

Arrondissement maritime	QUARTIERS ET SOUS-QUARTIERS.	FRAIS de service. — Allocation annuelle.	OBSERVATIONS.
1er Arrondissement.	Dunkerque	1,000f000	Logé dans un bât. de l'État. D. du 5 février 1866.
	Gravelines	600.000	Logé aux frais de l'État. D. du 6 février 1867.
	Calais	1,000.000	Logé aux frais de l'État. D. du 23 mai 1855.
	Boulogne	1,200.000	Logé aux frais de l'État. D. du 26 mai 1854.
	Etaples (préposé de l'inscription maritime).	500.000	
	Saint-Valéry-sur-Somme	800.000	Logé aux frais de l'État. D. du 6 février 1867.
	Le Tréport	600.000	
	Dieppe	1,200.000	Logé aux frais de l'État. D. du 4 mai 1861.
	Fécamp	800.000	Logé aux frais de l'État. D. du 9 janv. 1873.
	Saint-Valéry-en-Caux	600.000	
	Le Havre	1,400.000	
	Rouen	2,000.000	
	Honfleur	1,000.000	
	Trouville	600.000	Logé aux frais de l'État. D. du 24 juin 1868.
	Caen	1,000.000	Logé aux frais de l'État. D. du 30 avril 1864.
	Courseulles	600.000	
	Isigny	600.000	
	La Hougue	1,000.000	
	Cherbourg	300.000	
2e Arrondissement.	Regneville	600.000	
	Granville	1,600.000	
	Saint-Malo	1,500.000	
	Cancale	1,000.000	
	Dinan	1,100.000	
	Saint-Brieuc	1,500.000	
	Binic	600.000	
	Paimpol	1,000.000	
	Tréguier	600.000	
	Lannion	600.000	
	Morlaix	1,000.000	
	Roscoff	600.000	
	Le Conquet	600.000	Logé aux frais de l'État. D. du 12 août 1868.

TARIF N° 35 (suite).

Frais de service alloués aux Commissaires de l'inscription maritime et aux administrateurs des sous-quartiers.

Arrondissements maritimes.	QUARTIERS ET SOUS-QUARTIERS.	FRAIS de service. — Allocation annuelle.	OBSERVATIONS.
2e Arrondissement (suite).	Brest.	400f000	
	L'Aberwrac'h.	600.000	Logé aux frais de l'État. D. du 25 sept. 1860.
	Camaret.	600.000	
	Douarnenez.	900.000	Logé aux frais de l'État. D. du 19 févr. 1861.
	Audierne.	600.000	
	Quimper.	1,100.000	
	Concarneau.	600.000	Logé aux frais de l'État. D. du 31 déc. 1868.
3e Arrondissement.	Lorient.	300.000	
	Ile de Groix.	600.000	
	Auray.	1,100.000	
	Vannes.	1,000.000	Logé aux frais de l'État. D. du 31 déc. 1868.
	Belle-Ile.	1,600.000	
	Redon.	600.000	
	Le Croisic.	700.000	Logé aux frais de l'État. D. du 11 déc. 1870.
	Paimbœuf.	600.000	
	Nantes.	1,100.000	
	Pornic.	600.000	Logé aux frais de l'État. D. du 12 juill. 1860.
	Saint-Nazaire.	1,200.000	Logé aux frais de l'État. D. du 2 sept. 1862.
4e Arrondissement.	Noirmoutiers.	800.000	
	Sables d'Olonne.	1,600.000	
	Saint-Gilles.	600.000	Logé dans un établissement de l'État. D. du 17 octobre 1867.
	Ile d'Yeu.	600.000	
	Marans.	600.000	
	La Rochelle.	1,600.000	
	Ile de Ré.	800.000	
	Ile d'Oléron.	800.000	
	Rochefort.	300.000	
	Saintes.	800.000	Logé dans un établ. app. à l'État. D. 5 juill. 1856.
	Marennes.	900.000	
	Royan.	2,000.000	
	Blaye.	800.000	

TARIF N° 35 (suite).

Frais de service alloués aux Commissaires de l'inscription maritime et aux administrateurs des sous-quartiers.

QUARTIERS ET SOUS-QUARTIERS.	ALLOCATION annuelle.	OBSERVATIONS.
Pauillac.	700f000	Logé aux frais de l'État. D. du 25 sept. 1873.
Libourne.	900.000	
Bordeaux.	1,200.000	
Langon.	800.000	
La Teste.	1,400.000	
Dax.	700.000	
Bayonne.	900.000	Logé aux frais de l'État. D. du 30 juill. 1858.
Saint-Jean-de-Luz.	700.000	Logé aux frais de l'État. D. du 15 fév. 1867.
Port-Vendres	1,100.000	Logé dans un établ. app. à l'État. D. 1er oct. 1869.
Saint-Laurent-de-la-Salanque.	600.000	
Narbonne.	900.000	
Agde.	1,000.000	
Cette.	1,000.000	Logé aux frais de l'État. D. du 17 août 1860.
Aigues-Mortes.	600.000	
Arles.	900.000	
Martigues.	900.000	
Marseille.	1,600.000	
La Ciotat.	900.000	
La Seyne.	900.000	
Toulon.	460.000	
Hyères.	600.000	
Saint-Tropez.	900.000	
Saint-Raphaël.	600.000	
Antibes.	1,000.000	
Cannes.	600.000	Logé aux frais de l'État. D. du 17 août 1860.
Nice.	1,400.000	Logé dans un établ. app. à l'État. D. 1er juin 1860.
Villefranche.	500.000	Logé dans un établ. app. à l'État. D. 1er juin 1860.
Bastia.	900.000	
Ajaccio.	700.000	
Rogliano.	600.000	
Bonifacio (préposé de l'inscription maritime).	300.000	

INDEMNITÉ DE LOGEMENT ET D'AMEUBLEMENT (Art. 95 et suivants).

GRADES OU EMPLOIS.	FIXATION DE L'INDEMNITÉ.					
	DE LOGEMENT.			D'AMEUBLEMENT.		
	par an.	par mois.	par jour.	par an.	par mois.	par jour.
Vice-amiral..	1,800f000	150f000	5f000	600f000	50f000	1f666
Contre-amiral, inspecteur général du génie maritime, inspecteur général du service de santé. Directeur des constructions navales, ingénieur hydrographe en chef, commissaire général, inspecteur en chef, directeur du service de santé, inspecteur adjoint du service de santé, aumônier en chef, examinateur d'hydrographie, trésorier général des invalides.	1,200.000	100.000	3.333	400.000	33.333	1.111
Capitaine de vaisseau, ingénieur de 1re cl. (du génie maritime et ingénieur hydrographe) commissaire, inspecteur, médecin en chef, commissaire rapporteur à Brest, Toulon et Rochefort (ancienne formation)	960.000	80.000	2.666	320.000	26.666	0.888
Capitaine de frégate, ingénieur de 2e cl. (du génie maritime et ingénieur hydrographe), professeur d'hydrographie de 1re cl.	840.000	70.000	2.333	280.000	23.333	0.777
Mécanicien en chef, commissaire adjoint, inspecteur adjoint, agent administratif principal, chef de manutention principal, médecin et pharmacien professeur ou principal, commissaire rapporteur à Cherbourg et à Lorient (ancienne formation), aumônier supérieur, trésorier des invalides de 1re cl.	720.000	60.000	2.000	240.000	20.000	0.666
Lieutenant de vaisseau, mécanicien principal de 1re cl., sous-ingénieur de 1re et de 2e cl. (génie maritime et hydrographe) sous-commissaire, agent administratif, chef de manutention, médecin, et pharmacien de 1re cl., greffier à Brest, Toulon et Rochefort (ancienne formation), aumônier de 1re et 2e cl., professeur d'hydrographie de 2e cl., trésorier des invalides de 2e cl.	360.000	30.000	1.000	180.000	15.000	0.500
Enseigne de vaisseau, mécanicien principal de 2e classe, chef de musique des divisions des équipages de la flotte, sous-ingénieur de 3e cl. (génie maritime et hydrographe), aide-commissaire, sous-agent administratif, sous-chef de manutention, médecin et pharmacien de 2e classe, greffier à Cherbourg et à Lorient (ancienne formation), professeur d'hydrographie de 3e cl. trésorier des invalides de 3e cl.	240.000	20.000	0.666	120.000	10.000	0.333
Aspirant de 1re cl. élève du génie maritime, élève ingénieur hydrographe, aide-médecin et aide-pharmacien.	240.000	20.000	0.666	120.000	10.000	0.333
Aspirant de 2e cl.	240.000	20.000	0.666	120.000	10.000	0.333

Nota. — Les officiers, aspirants et fonctionnaires compris au présent tableau reçoivent, dans les positions qui donnent droit à la solde coloniale, les indemnités de logement ou d'ameublement d'après une quotité double de celle qui est déterminée par le présent tarif (art. 105 du décret).

Les mêmes, lorsqu'ils se trouvent dans une position donnant droit à la solde d'Algérie, ou au supplément pour résidence dans Paris, reçoivent en outre de l'indemnité de logement ou d'ameublement déterminée par le présent tarif, un supplément égal à la moitié de la même allocation (art. 104 du décret).

Trésoriers des Invalides de la marine. Ce personnel reçoit l'indemnité de logement sur les crédits du budget de la caisse des Invalides de la marine.

INDEMNITÉ EXTRAORDINAIRE EN RASSEMBLEMENT (Art. 107).

GRADES OU EMPLOIS.	INDEMNITÉ.		OBSERVATIONS.
	par mois.	par jour.	
Officier supérieur et assimilé..	60:000	2ᶠ000	NOTA. L'indemnité extraordinaire en rassemblement peut, en raison des circonstances et par décision ministérielle, être réduite à un taux inférieur à celui de ce tarif. (Art. 107 du décret).
Lieutenant de vaisseau et assimilé	40.000	1.333	
Enseigne de vaisseau et assimilé			
	30.000	1.000	
Aspirant de 1ʳᵉ classe et assimilé.			

TARIF N° 38.

TRAITEMENT DE TABLE.

GRADES.	ALLOCATION JOURNALIÈRE.			OBSERVATIONS.
	Sur le pied de France.	SUR LE PIED colonial.		
	COL. n° 1.	COL. 2.	COL. 3.	
Amiral commandant une armée navale (A).	»	»	»	(A) L'amiral commandant une armée navale reçoit, à titre de traitement extraordinaire, des frais de représentation tenant lieu de tout traitement de table.
Vice-amiral pourvu d'une commission d'amiral commandant une armée navale (A).	»	»	»	Ces frais de représentation sont fixés par décret.
Vice-amiral — Commandant en chef. — Présent à bord	60f000	75f000	80f000	Même observation pour le vice-amiral pourvu d'une commission d'amiral. Art. 149.
En mission hors du bord (art. 179)	50.000	62.500	66.666	
Vice-amiral — Commandant une division. — Présent à bord	50.000	62.500	66.666	
En mission hors du bord (art. 179)	40.000	50.000	53.333	
Contre-amiral — Commandant en chef. — Présent à bord	55.000	68.750	73.333	
En mission hors du bord (art. 179)	45.000	56.250	60.000	
Contre-amiral — Commandant une division. — Présent à bord	45.000	56.250	60.000	
En mission hors du bord (art. 179)	35.000	43.750	46.666	
Officier général et officier commandant. — Allocation spéciale pour les officiers supérieurs des divers corps désignés dans les art. 151 et 152 ainsi que pour l'aumônier.	8.000	10.000	10.666	
Capitaine de vaisseau commandant avec un officier supérieur pour second. — Une division navale. — Présent à bord	40.000	50.000	53.333	
En mission hors du bord (art. 179)	32.000	40.000	42.666	
Un bâtiment armé. — En rade ou à la mer. — Présent à bord	30.000	37.500	40.000	
En mission hors du bord (art. 179)	22.000	27.500	29.333	
Dans le port (art. 175, 176 et 177)	13.000	»	»	
Un bâtiment en réserve 1re catégorie, *stationné en rade* (art. 158)	22.500	»	»	
Capitaine de vaisseau commandant n'ayant pas pour second d'officier supérieur. — Une division navale. — Présent à bord	35.000	43.750	46.666	
En mission hors du bord (art. 179)	27.000	33.750	36.000	
Un bâtiment armé. — En rade ou à la mer. — Présent à bord	25.000	31.250	33.333	
En mission hors du bord (art. 179)	17.000	21.250	22.666	
Dans le port (art. 175, 176 et 177)	13.000	»	»	
Un bâtiment en réserve, 1re catégorie, *stationné en rade* (art. 158)	18.750	»	»	
Capitaine de frégate commandant. — Un bâtiment armé. — En rade ou à la mer. — Présent à bord	20.000	25.000	26.666	
En mission hors du bord (art. 179)	12.000	15.000	16.000	
Dans le port (art. 175, 176 et 177)	10.000	»	»	
Un bâtiment en réserve 1re catégorie, *stationné en rade* (art. 158)	15.000	»	»	

TARIF N° 38 (suite).

TRAITEMENT DE TABLE.

GRADES.	ALLOCATION JOURNALIÈRE.			OBSERVATIONS.
	Sur le pied de France. COL. 1	SUR LE PIED colonial. COL. 2	COL. 3	
Officier supérieur et aumônier dans les cas prévus par les art. 175, 176 et 177....	5f000	»	»	(A) Les mêmes allocations sont attribuées à l'officier commandant pour l'officier inférieur admis à sa table à défaut de table de l'état-major (art. 162).
Lieutenant de vaisseau commandant. — Un bâtiment armé. — En rade ou à la mer. — Présent à bord	15.000	18f750	20f000	(B) Cette indemnité est allouée au commandant pour chacun des membres des commissions, quel que soit son grade et quelle que soit la nature des expériences auxquelles il y a lieu de procéder (art. 157).
En mission hors du bord (art. 179).	9.000	11.250	12.600	
Dans le port (art. 175,176 et 177).	7.000	»	»	
Un bâtiment en réserve 1re catégorie, stationné en rade (art. 158).	11.250	»	»	
Capitaine de bâtiment. — Allocation spéciale pour l'aumônier attaché au bâtiment (A).	5.000	6.250	6.666	
Enseigne de vaisseau commandant. — Un bâtiment armé. — En rade ou à la mer. — Présent à bord	10.000	12.500	13.333	
En mission hors du bord (art. 179).	4.000	5.000	5.333	
Dans le port (art. 175,176 et 177).	5.000	»	»	
Un bâtiment en réserve, 1re catégorie, stationné en rade (art. 158).	7.500	»	»	
Aspirant commandant provisoirement. — Un bâtiment armé. — En rade ou à la mer. — Présent à bord	6.000	7.500	8.000	
En mission hors du bord (art. 179).	2.000	2,500	2.666	
Dans le port (art. 175,176 et 177).	3.000	»	»	
Un bâtiment en réserve 1re catégorie, stationné en rade (art. 158).	4.500	»	»	
Maître commandant. — Un bâtiment armé. — En rade ou à la mer. — Présent à bord	5.000	6,250	6.666	
En mission hors du bord (art. 179).	3.000	3,600	4.000	
Dans le port (art. 175, 176 et 177).	2.500	»	»	
Second maître ou quartier-maître commandant provisoirement. — Un bâtiment armé. — En rade ou à la mer. — Présent à bord	4.000	5.000	5.333	
En mission hors du bord (art. 179).	»	»	»	
Dans le port (art. 175, 176 et 177).	2.000	»	»	
Officiers composant l'état-major d'un bâtiment.	2.250	3.000	3.375	
Aspirants et assimilés.	1.500	2.000	2.000	
Commissions d'essais (B).	6.000	»	»	

TARIF N° 39.

FRAIS DE PASSAGE A PAYER AUX TABLES DES BATIMENTS DE L'ÉTAT
(Art. 192 et suivants).

DÉSIGNATION DES TABLES et CATÉGORIES DE PASSAGERS.	ALLOCATIONS JOURNALIÈRES.			OBSERVATIONS.
	Sur le pied de France.	SUR LE PIED colonial.		
	COL. 1.	COL. 2.	COL. 3.	
Table des officiers généraux et des officiers commandants.				NOTA.—Voir pour le classement aux diverses tables des bâtiments de l'État des fonctionnaires et agents des différents départements ministériels, la circulaire du 21 septembre 1872. *B. off.* p. 418.
1re CATÉGORIE.				
Officier ou fonctionnaire ayant un rang supérieur au grade de colonel et gouverneur de colonie (A).	20f000	25f000	26f666	(A) Il est alloué à l'officier général ou à l'officier commandant une indemnité de 1,50 par jour, indépendamment de la ration en nature pour chaque domestique de passager admis à sa table.
Famille des passagers. — Femme.	20.000	25.000	26.666	
Fils et filles — Agés de 16 ans et au-dessus.	15.000	18.750	20.000	
Agés de 5 à 16 ans. . .	10.000	12.500	13.333	(B) La même allocation est accordée pour chacun des membres de la famille du passager quel que soit l'âge des fils et des filles.
Agés de moins de 5 ans.	5.000	6.250	6.666	L'allocation est augmentée de moitié quand la présence du passager à la table de l'état-major ou à celle des aspirants n'a pas excédé huit jours.
2e CATÉGORIE.				
Officier supérieur jusqu'au grade de colonel inclusivement et commandant d'établissement secondaire (A).	12.000	15.000	16.000	
Famille des passagers — Femme.	12.000	15.000	16.000	
Fils et filles, — Agés de 16 ans et au-dessus.	9.000	11.250	12.000	
Agés de 5 à 16 ans. . .	6.000	7.500	8.000	
Agés de moins de 5 ans.	3.000	3.750	4.000	
Table de l'état-major.				
Passager ayant rang d'officier (B).	2.250	3.000	3.375	
Table des aspirants.				
Passager admis à cette table (B).	1.500	2.000	2.000	

TARIF N° 40.

INDEMNITÉS POUR PERTES D'EFFETS ET DE MATÉRIEL DE TABLE.
(Art. 131.)

GRADES ET EMPLOIS.		MONTANT DE L'INDEMNITÉ.					
		POUR PERTE D'EFFETS.			POUR PERTE DE MATÉRIEL de table.		
		Perte totale.	Perte partielle.		Perte totale.	Perte partielle.	
			n° 1.	n° 2.		n° 1.	n° 2.
Amiral.		6,000f000	4,000f000	2,000f000	6,000f000	4,000f000	2,000f000
Vice-amiral.		3,000.000	2,000.000	1,000.000	3.000.000	2,000.000	1,000.000
Contre-amiral.		2,100.000	1,400.000	700.000	2,100.000	1,400.000	700.000
Capitaine de vaisseau.	Commandant.	1,350.000	900.000	450.000	1,350.000	900.000	450.000
	Capitaine de pavillon, chef d'état-major, etc.	1,350.000	900.000	450.000	»	»	»
Capitaine de frégate.	Commandant.	1,200.000	800.000	400.000	1,200.000	800.000	400.000
	Ne commandant pas.	1,200.000	800.000	400.000	»	»	»
Lieutenant de vaisseau.	Commandant.	900.000	600.000	300.000	900.000	600.000	300.000
	Ne commandant pas.	900.000	600.000	300.000	»	»	»
Enseigne de vaisseau.	Commandant.	750.000	500.000	250.000	750.000	500.000	250.000
	Ne commandant pas.	750.000	500.000	250.000	»	»	»
Aspirant.		600.000	400.000	200.000	»	»	»
Volontaire.		375.000	250.000	125.000	»	»	»

NOTA. — L'indemnité déterminée pour perte d'effets sera payée aux officiers des différents corps de la marine à raison de leur grade, selon les fixations de ce tarif.

Les commissaires-adjoints et les officiers supérieurs du même grade seront traités sur le même pied que les capitaines de frégate ne commandant pas.

Tables des états-majors, des aspirants et des maîtres. Il peut leur être alloué des indemnités, pour perte de matériel de table, lorsque le matériel n'a pas été fourni par l'État (Art. 130).

TARIF N° 44

INDEMNITÉS DE RESPONSABILITÉ DES COMPTABLES DES MATIÈRES
(Art. 110 à 117).

DÉSIGNATION DES EMPLOIS.	INDEMNITÉ annuelle de responsabilité.	OBSERVATIONS.
Garde-magasin général à Brest et à Toulon.	4,000'000	Nota. — Les agents admis dans le personnel des comptables antérieurement au 1er janvier 1853 peuvent continuer à être dispensés de fournir un cautionnement. Les comptables qui ont obtenu cette dispense ne reçoivent que les trois quarts de l'indemnité de responsabilité fixée par le tarif. Art. 21 du décret du 17 janvier 1807.
Garde-magasin général à Cherbourg, à Lorient et à Rochefort.	3,000.000	
Garde-magasin du service des vivres à Brest et à Toulon.	2,500.000	
Garde-magasin particulier de la direction des constructions navales à Brest et à Toulon.		
Garde-magasin du service des vivres à Cherbourg, à Lorient et à Rochefort.	2,000.000	
Garde-magasin particulier de la direction des constructions navales à Cherbourg, à Lorient et à Rochefort.		
Garde-magasin particulier des mouvements du port et de l'artillerie à Brest et à Toulon.	1,800.000	
Garde-magasin à Indret.		
Garde-magasin particulier des directions des mouvements du port et de l'artillerie à Cherbourg, à Lorient et à Rochefort. . . .		
Agent comptable du service des hôpitaux à Brest, à Rochefort et à Toulon.	1,500.000	
Garde-magasin des forges de la Chaussade, à Guérigny.		
Garde-magasin particulier de la direction de la Villeneuve, à Brest.		
Gardes-magasins institués dans les ports secondaires.		
Agent comptable du service des hôpitaux à Cherbourg et à Lorient.	1,200.000	
Garde-magasin à Ruelle et à Nevers.		
Garde-magasin à Paris.		
Garde-magasin à Alger.	600.000	
Comptable d'ordre au ministère de la marine.	800.000	

TARIF Nº 42.

FRAIS DE PREMIER ÉTABLISSEMENT. (Art. 135).

EMPLOIS.	MONTANT de l'allocation.	OBSERVATIONS.
1º Gouverneurs et Commandants de colonie.		
Gouverneur. . { de la Martinique....... ; de la Guadeloupe....... ; de la Réunion.	12,000f000	
{ de la Guyane française... ; du Sénégal. .... ; de la Nouvelle-Calédonie. ; des établissements français dans l'Inde...........	8,000.000	
Commandant et commissaire aux îles de la Société.......................	2.000.000	
Commandant supérieur. . { Iles Saint-Pierre et Miquelon................ ; Mayotte et dépendances..	3,000.000	
Commandant à Sainte-Marie de Madagascar.	2,000.000	
2º Clergé.		
Évêques dans toutes les colonies.	10,000.000	

TARIF N° 43.

INDEMNITÉ D'HABILLEMENT (Art. 198).

EMPLOIS.	ALLOCATION annuelle.	OBSERVATIONS.
1° Personnel de surveillance des prisons (A).		(A) Chaque agent nouvellement admis reçoit, à titre de première mise, une somme égale à l'indemnité annuelle fixée pour son habillement; pendant la première année, l'indemnité annuelle est réduite de moitié.
Surveillant principal	200f000	
Surveillant chef de travaux	150.000	
Surveillant.	120.000	
2° Mains vétérans (B).		La promotion à un grade supérieur donne droit à la différence entre la première mise déjà touchée et celle qui est afférente au nouveau grade, sans aucune réduction sur l'indemnité annuelle.
Marins vétérans.	54.000	
3° Personnel du gardiennage (A).		
Gardien-chef.	150.000	
Gardien-major.	120.000	(B) Les marins vétérans n'ont pas droit à une première mise d'habillement.
Portier-consigne et gardien-concierge. . .	100.000	
Gardien-portier, gardien ambulant, gardien de bureau et patron de canot. . . .	80.000	
4° Compagnies de pompiers (A).		
Contre-maître.	72.000	
Aide-contre-maître et pompier.	54.000	

TARIF N° 44.

Tarif des abonnements pour fournitures de bureau à Paris et dans l'intérieur (Art. 119).

GRADES OU EMPLOIS.		ALLOCATION annuelle.	OBSERVATIONS.
Service forestier et service de surveillance de fabrication par l'industrie. . .	Directeur des constructions navales centralisant le service.	500f000	
	Ingénieur chargé d'un bassin forestier.	500.000	
	Ingénieur et sous-ingénieur en sous-ordre..	400.000	
Service des charbonnages, inspecteur du service.		200.000	
Magasin central à Paris..	Agent comptable, garde-magasin. . . .	200.000	
	Magasinier (un seul magasinier). . . .	60.000	
Ingénieur et sous-ingénieur du génie maritime ne faisant pas partie du service forestier.		200.000	
Ingénieur et sous-ingénieur hydrographe.		200.000	
Président de la commission d'examens des mécaniciens de la flotte.		60.000	

TARIF N° 45.

TARIF DES ABONNEMENTS POUR FOURNITURES DE BUREAU, SERVICE A TERRE.
PORTS MILITAIRES (Art. 119).

DÉSIGNATION des services.	DÉTAILS entre lesquels sont réparties les sommes allouées à chaque service.	INDICATION des parties prenantes.	SOMMES ALLOUÉES PAR SERVICE ET PAR PORT.				
			Cherbourg.	Brest.	Lorient.	Rochefort.	Toulon.
Préfecture maritime (A).	Cabinet du préfet et secrétariat de la préfecture maritime. . .	Vice - Amiral commandant en chef, Préfet maritime.	1,000f000	1,300f000	900f000	1,000f000	1,400f000
Conseil d'administration de la marine (A).	Conseil d'administration de la marine.	Secrétaire du conseil.	75.000	100.000	75.000	75.000	100.000
Majorité générale (B).	Cabinet et bureau particulier du major général. . . . . Bureau des officiers-majors. . . Salle des commissions. . . . . Service général des corps de garde.	Major général.	350.003	450.000	350.000	350.000	500.000
		Chef du secrétariat de la majorité générale.					
	Dépôt des cartes et plans.. . . . Observatoire. . . . . . . Bibliothèque du port. . . . . . Service des marées.	Directeur de l'observatoire . . . Conservateur de la bibliothèque.	400.000	980.000	580.000	585.000	955.000
		L'observateur des marées. . . .	20.000	20.000	»	»	»
Majorité de la flotte (B).	Major de la flotte.	Major de la flotte.	300.000	400.000	300.000	300.000	400.000
Officier de marine.	. . . .	Chargé de suivre les travaux des navires en achèvement à flot. Chaque officier.	72.000	72.000	72.000	72.000	72.000
Division des équipages de la flotte (B).		Commandant en second.	300.000	500.000	120.000	300.000	500.000
		Major de la division.	»	500.000	230.000	»	500.000
		Trésorier.	800.000	1,000.000	800.000	600.000	1,000.000
		Officier d'habillement chargé du casernement et de l'armement.	»	500.000	»	»	500.000
		Officier d'habillement, du casernement et de l'armement. . . .	300.000	»	300.000	300.000	»

(A) Le Vice-Amiral commandant en chef, Préfet maritime pourvoit au chauffage de son cabinet, de son secrétariat et de la salle du conseil d'administration sur la somme qui lui est allouée par le tarif n° 54 (chauffage et éclairage).
(B) Le chauffage est fourni en nature.

TARIF N⁰ 45 (suite).

TARIF DES ABONNEMENTS POUR FOURNITURES DE BUREAU, SERVICE A TERRE.
PORTS MILITAIRES.

DÉSIGNATION des services.	DÉTAILS entre lesquels sont réparties les sommes allouées à chaque service.	INDICATION des parties prenantes.	SOMMES ALLOUÉES PAR SERVICE ET PAR PORT.				
			Cherbourg.	Brest.	Lorient.	Rochefort.	Toulon.
Etablissement des pupiles de la marine.	Commandant de l'établissement.	Commandant.	»	300f000	»	»	»
	Sous-commissaire trésorier et secrétaire du conseil.	Trésorier.	»	500.000	»	»	»
Direction des constructions navales (A).	Cabinet et bureau particulier du directeur.	Directeur.	600f000	800.000	600f000	600f000	800f000
	Comptabilité administrative.	Agent administratif.					
	Chantiers et ateliers.	Un maître principal ou entretenu désigné par le directeur	1,600.000	2,800.000	1,600.000	1,630.000	2,800.000
	Ecole du génie maritime	Ingénieur chargé de l'Ecole.	2,700.000	»	»	»	»
	Chaque ingénieur ou sous-ingénieur.	Ingénieur ou sous-ingénieur.	200.000	200.000	200.000	200.000	200.000
	Elève du génie maritime envoyé dans les ports ou établissements hors des ports.	Elève du génie maritime	200.000	200.000	200.000	200.000	200.000
	Ecole élémentaire des apprentis.	Professeur (B)	100.000	100.000	»	»	100.000
Direction des mouvements du port (A).	Cabinet et bureau particulier du directeur.	Directeur.	300.000	400.000	300.000	300.000	400.000
	Bureau du sous-directeur.	Le sous-directeur.					
	Bureau du sous-directeur du Mourillon à Toulon.						
	Bureau des officiers de la direction.						
	1er maître du port.	Agent administratif.	730.000	1,200.000	700.000	720.000	1,300.000
	Bâtiments désarmés.						
	Postes télégraphiques.						
	Comptabilité administrative.						
	Chantiers et ateliers.	Un maître désigné par le directeur.					

(A) Le chauffage est fourni en nature.
(B) Le professeur reçoit en outre 2 fr. par élève et par an.

TARIF N° 45 (suite).

TARIF DES ABONNEMENTS POUR FOURNITURES DE BUREAU, SERVICE A TERRE.
PORTS MILITAIRES.

DÉSIGNATION des services.	DÉTAILS entre lesquels sont réparties les sommes allouées à chaque service.	INDICATION des parties prenantes.	SOMMES ALLOUÉES PAR SERVICE ET PAR PORT.				
			Cherbourg.	Brest.	Lorient.	Rochefort.	Toulon.
Direction de l'artillerie (A).	Cabinet et bureau particulier du directeur.	Directeur.	300f000	400f000	300f000	300f000	400f000
	Bureau du sous-directeur.	Le sous-directeur.					
	Bureau des officiers de la direction.						
	Commandant de l'école de pyrotechnie.	Le commandant de l'école.					
	Bureaux du directeur de la Villeneuve à Brest.	Le directeur de la Villeneuve.	700.000	1,450.000	650.000	750.000	1,400.000
	Comptabilité administrative.	Agent administratif.					
	Chantiers et ateliers.	Un maître désigné par le directeur.					
Commission de Gâvres.	Commission de Gâvres.	Le président de la commission.	»	»	800.000	»	»
Direction des travaux hydrauliques (A).	Cabinet et bureau particulier du directeur.	Directeur.	600.000	500.000	400.000	400.000	600.000
	Comptabilité administrative.	Agent administratif.					
	Ateliers et chantiers, travaux extraordinaires.	Un maître désigné par le directeur.	850.000	750.000	600.000	600.000	850.000
	Chaque ingénieur, ou élève.	Ingénieur, ou élève.	200.000	200.000	200.000	200.000	200.000
Commissariat (A).	Cabinet et secrétariat du commissaire général.	Le commissaire général.	800.000	1,000.000	800.000	900.000	1,100.000

(A) Le chauffage est fourni en nature.

TARIF N° 45 (suite).

TARIF DES ABONNEMENTS POUR FOURNITURES DE BUREAU, SERVICE A TERRE.
PORTS MILITAIRES.

DÉSIGNATION des services.	DÉTAILS entre lesquels sont réparties les sommes allouées à chaque service.	INDICATION des parties prenantes.	SOMMES ALLOUÉES PAR SERVICE ET PAR PORT.				
			Cherbourg.	Brest.	Lorient.	Rochefort.	Toulon.
Commissariat (A) (suite).	Bureau des revues.	Commissaire aux revues.					
	Bureau des armements.	Commissaire aux armements. .					
	Bureau des approvisionnements.	Commissaire aux approvisionne-ments.					
	Bureau des travaux.	Commissaire aux travaux. . . .	2,520f000	3,350f000	2,220f000	2,300f000	3,370f000
	Bureau des hôpitaux et prisons.	Commissaire aux hôpitaux. . . .					
	Bureau des subsistances.	Commissaire aux subsistances .					
	Bureau des fonds.	Commissaire des fonds.					
	Bureau central de l'inscription maritime et des réservistes. . .						
	Bureau des archives.	Chef du bureau.					
Inspection des services administratifs (A).	Ecole d'administration.	Commissaire de la marine, pro-fesseur.	»	100.000	»	»	»
	. . . .	Inspecteur en chef.	500.000	650.000	350.000	350.000	650.000
Comptabilité des matières (A).	Magasin général.	Garde-magasin général.	770.000	750.000	500.000	550.000	750.000
	Magasin du service des vivres. .	Garde-magasin.	250.000	400.000	250.000	250.000	400.000
	Magasin de la direction des constructions navales.	Garde-magasin.	400.000	600.000	400.000	400.000	700.000
	Magasin de la direction des mouvements du port.	Garde-magasin.	150.000	300.000	150.000	150.000	300.000
	Magasin de la direction d'artillerie	Garde-magasin..	150.000	300.000	150.000	150.000	200.000
	Magasin de l'usine de la Ville-neuve.	Garde-magasin.					
	Comptabilité des hôpitaux. . . .		»	50.000	»	»	»
	Comptabilité de la pharmacie. .	Agent comptable des hôpitaux.	200.000	400.000	100.000	300.000	400.000

(A) Le chauffage est fourni en nature.

TARIF DES ABONNEMENTS POUR FOURNITURES DE BUREAU, SERVICE A TERRE.
PORTS MILITAIRES.

DÉSIGNATION des services.	DÉTAILS entre lesquels sont réparties les sommes allouées à chaque service.	INDICATION des parties prenantes.	SOMMES ALLOUÉES PAR SERVICE ET PAR PORT.				
			Cherbourg.	Brest.	Lorient.	Rochefort.	Toulon.
Manutention des subsistances (A).	. . . .	Chef de manutention.	200f000	300f000	200f000	200f000	300f000
Service de santé (A).	. . . .	Président du conseil de santé. .	200.000	600.000	100.000	400.000	600.000
Tribunaux maritimes (A).	. . . .	Chaque greffier.	180.000	180.000	180.000	180.000	18.0000
Gardiennage (A).	. . . .	Gardien-chef.	50.000	50.000	50.000	50.000	50.000
Prisons maritimes (A).	. . . .	Surveillant principal.	50.000	70.000	40.000	40.000	70.000
Maison d'arrêt (A).	. . . .	Gardien.	40.000	40.000	40.000	40.000	40.000
Service sémaphorique.	Inspection des sémaphores. . .	Inspecteur.	200.000	200.000	200.000	200.000	200.000
	Chef guetteur chargé d'observations météréologiques au cap Gris-nez, cap Saint-Martin, île de Groix, île d'Aix, Biarritz et au cap Sicié.	Chef guetteur.	36.000	36.000	36.000	36.000	36.000
	Chef guetteur titulaire ou provisoire. . . . . , ...	Chef guetteur titulaire ou provisoire.	18.000	18.000	18.000	18.000	1 8.00

(A) Le chauffage est fourni en nature.

TARIF N° 46.

TARIF DES ABONNEMENTS POUR FOURNITURES DE BUREAU DANS LES PORTS SECONDAIRES (Art. 119).

DÉSIGNATION des services.	DÉTAILS ENTRE LESQUELS sont réparties les sommes allouées à chaque service.	INDICATION des parties prenantes.	SOMMES ALLOUÉES PAR SERVICE ET PAR PORT.						
			Dunkerque	Le Havre.	St-Servan.	Nantes.	Bordeaux.	Marseille.	Bastia.
Chef de service (A).	Cabinet et secrétariat du chef de service. .	Chef du service. . .	300f000	500f000	300f000	500f000	500f000	500f000	400f000
Détails administratifs (B).	. . . .	Les chefs des divers détails suivant la répartition faite entre eux.	700.000	1,200.000	700.000	1,250.000	1,300.000	700.000	300.000
Service des comptables (B).	. . . .	Garde-magasin. . . .	300.000	400.000	»	400.000	400.000	400.000	»
Manutention des subsistances (B).	. . . .	Chef de manutention.	»	»	»	250.000	»	»	»
Service du port (B).	. . . .	Directeur des mouvements du port..	300.000	300.000	»	300.000	300.000	300.000	»
Constructions navales (B).	Ingénieurs chargés de la direction ou de la surveillance des constructions navales.	Ingénieur.	»	600.000	»	600.000	500.000	600.000	»

(A) Les chefs de service pourvoient au chauffage de leur cabinet et de leur secrétariat sur la somme qui leur est allouée par le tarif n° 51, (chauffage et éclairage).

(B) Les frais de chauffage sont compris dans l'allocation.

TARIF DES ABONNEMENTS POUR FOURNITURES DE BUREAU DANS LES ÉTABLISSEMENTS HORS DES PORTS
(Art. 119).

DÉSIGNATION des services.	DÉTAILS ENTRE LESQUELS sont réparties les sommes allouées à chaque service.	PARTIES PRENANTES.	SOMMES ALLOUÉES PAR SERVICE ET PAR PORT.			
			Indret.	Ruelle.	La Chaussade.	Nevers.
Directeur (A).	Cabinet du directeur et bureau particulier. . . .	Directeur.	800f000	400f000	500f000	600f000
	Sous-directeur.	Sous-directeur.				
	Comptabilité administrative.					
Direction (B).	Service de santé.	Agent administratif	2,200.000	750.000	1,900.000	640.000
	Enseignement élémentaire.					
	Ateliers.	Un maître désigné par le directeur.				
Génie maritime.	. . . .	Chaque ingénieur ou sous-ingénieur.	200.000	»	200.000	»
Comptabilité des matières. (B).	. . . .	Garde-magasin.	500.000	250.000	400.000	»
Inspection des services administratifs (B).	. . . .	Inspecteur.	100.000	»	150.000	»
Aumônier.	. . . .	Aumônier.	30.000	»	»	»
Gardiennage (B).	. . . .	Gardien-major.	»	»	50.000	»

(A) Les directeurs pourvoient au chauffage de leur cabinet, de leur secrétariat et de la salle du conseil sur la somme qui leur est allouée par le tarif n° 51 (chauffage et éclairage).
(B) Le chauffage est fourni en nature.

TARIF N° 48.

TARIF DES ABONNEMENTS POUR FOURNITURES DE BUREAU EN ALGÉRIE (Art. 119).

DÉSIGNATION DES SERVICES	DÉTAILS ENTRE LESQUELS sont réparties les sommes allouées à chaque service.	INDICATION des parties prenantes.	SOMMES ALLOUÉES PAR SERVICE ET PAR PORT.					
			Alger.	Oran et Mers-el-Kébir.	Cherchell.	Bône.	Philippeville et Stora.	Arzew.
Commandant de la marine (A).	Cabinet et bureau particulier du commandant..	Le commandant de la marine...............	500f000	»	»	»	»	»
Majorité.	. . . .	Le chef d'état-major.....	300.000	»	»	»	»	»
Direction des mouvements du port (B).	Direction du port......	Directeur des mouvements du port...............	400.000	300f000	300f000	300f000	300f000	300f000
Commissariat (B).	Cabinet et secrétariat du commissaire chef de service..............	Commissaire............	500.000	»	»	»	»	»
	Détails administratifs...	Les chefs de détails suivant la répartition faite entre eux............	1,000.000	300.000	»	300.000	»	»
Comptabilité des matières (B).	. . . .	Garde-magasin..........	200.000	»	»	»	»	»

(A) Le commandant pourvoit au chauffage de ses bureaux sur la somme qui lui est allouée par le tarif n° 51 (chauffage et éclairage).

(B) Les frais de chauffage sont compris dans l'abonnement pour frais de bureau.

TARIF DES ABONNEMENTS POUR FOURNITURES DE BUREAU EN ALGÉRIE.

DÉSIGNATION DES SERVICES	DÉTAILS ENTRE LESQUELS sont réparties les sommes allouées à chaque service.	INDICATION des parties prenantes.	SOMMES ALLOUÉES PAR SERVICE ET PAR PORT.					
			Mostaganem.	Tenez.	Dellys.	Bougie.	Djidjelly.	Nemours.
Direction des mouvements du port (A).	Direction du port.......	Directeur des mouvements du port..............	300f000	300f000	300f000	300f000	300f000	300f000

(A) Voir pour la note à la page précédente.

TARIF N° 49.

TARIF DES ABONNEMENTS POUR FOURNITURES DE BUREAU.

SERVICE A LA MER. ÉTATS-MAJORS GÉNÉRAUX (Art. 119).

GRADES ET EMPLOIS.		ALLOCATION annuelle.	OBSERVATIONS.
Chef d'état-major	d'une armée navale.	960f000	Nota. — Ces allocations sont payées aux officiers quel que soit leur grade et ne changent pas en cas d'élévation en grade des officiers commandants.
	d'une escadre.	600.000	
	d'une division navale ou d'une station navale sous le commandement d'un officier général. .	360.000	
Commissaire général d'une armée navale.		960.000	
Commissaire. . .	d'une armée navale.	960.000	
	d'une escadre.	600.000	
	d'une division ou d'une station navale sous le commandement d'un officier général..	360.000	
Adjudant d'un officier supérieur pourvu d'une commission de commandant en chef une division navale. . .			
Officier d'administration du bâtiment commandant, chargé de centraliser la comptabilité des bâtiments placés sous le commandement de cet officier supérieur (A).		240.000	
Ingénieurs embarqués, quelle que soit leur position. .		240.000	(A) L'indemnité de 240 fr. par an à l'officier d'administration chargé de centraliser la comptabilité d'une division navale est indépendante de celle qu'il reçoit en sa qualité d'officier d'administration et de trésorier du bâtiment sur lequel il est embarqué.
Officier du corps de santé embarqué en chef.	d'une armée navale.	320.000	
	d'une escadre.	200.000	
	d'une division navale sous le commandement d'un officier général.	120.000	
	d'une division navale sous le commandement d'un officier supérieur pourvu d'une commission.	80.000	

TARIF N° 50.

TARIF DES ABONNEMENTS FOURNITURES POUR DE BUREAU.

SERVICE A LA MER. — ÉTATS-MAJORS (Art. 119).

DÉSIGNATION DES BATIMENTS.	ALLOCATIONS ANNUELLES.					OBSERVATIONS.
	OFFICIER en second.	OFFICIER d'administration et trésorier.	OFFICIER du corps de santé.	OFFICIER chargé des montres.		
				Pour trois montres et plus.	Pour moins de trois montres	
Bâtiments armés.						
601 hommes et au-dessus.	216f000	324f000	60f000			
de 501 à 600 hommes. . .	180.000	270.000	48.000			
de 301 à 500 hommes. . .	180.000	270.000	48.000			
de 201 à 300 hommes. . .	144.000	216.000	36.000	36f000	24f000	
de 101 à 200 hommes. . .	120.000	180.000	24.000			
de 45 à 100 hommes . . .	120.000	180.000	24.000			
au-dessous de 45 hommes.	96.000	»	18.000			
Bâtiments en réserve.						
Bâtiment central de la réserve à Brest et à Toulon.	216.000	324.000	60.000	»	»	
Bâtiment central de la réserve à Cherbourg, Lorient et Rochefort, ...	180.000	270.000	48.000	»	»	
Vaisseaux, frégates et corvettes en 1re catégorie. . . .	120.000	180.000	24.000	»	»	
Bâtiments de rang inférieur.	96.000	144.000	18.000	»	»	

Bâtiment ayant un effectif de : (accolade couvrant les lignes des bâtiments armés)

Nota. Une indemnité de 96 fr. par an est accordée :

1° A l'officier second à bord d'un bâtiment où il n'est pas embarqué d'officier d'administration.

2° Au commandant de tout bâtiment à bord duquel il n'est embarqué ni officier en second, ni officier d'administration.

3° Au patron commandant un bâtiment de servitude pour de courtes traversées.

TARIF N° 51.

Tarif des abonnements pour la fourniture du chauffage et de l'éclairage dans les ports et établissements maritimes (Art. 139 à 141).

GRADES ET EMPLOIS.	ALLOCATION annuelle.	OBSERVATIONS.
Vice-amiral commandant en chef, Préfet maritime (A). — à Brest et à Toulon	3,500f000	(A) Au moyen de l'abonnement, les fonctionnaires pourvoient au chauffage et à l'éclairage de leur hôtel, y compris leur cabinet, leur secrétariat, le bureau des aides-de-camp et les salles de conseil.
à Cherbourg	2,700.000	Aucune délivrance ne peut leur être faite en nature.
à Rochefort et à Lorient	2,100.000	
Service des bureaux dans les ports militaires et dans les établissements maritimes hors des ports (B)	»	
Chef de service (A). — au Havre	1,500.000	(B) Les fournitures de chauffage pour le service des bureaux dans les ports de Cherbourg, Brest, Lorient, Rochefort et Toulon, et dans les établissements situés hors des ports, se font en nature. Le maximum de la dépense est fixé par décision ministérielle.
à Nantes, à Bordeaux et à Marseille	1,200.000	
à Dunkerque et à Saint-Servan	1,000.000	
à Bastia	500.000	
Service des bureaux dans les ports secondaires (C)	»	(C) Au moyen de l'abonnement pour frais de bureau, il est pourvu au chauffage et à l'éclairage des bureaux.
Commandant de la marine à Alger (A)	1,200.000	
Directeurs des établissements situés hors des ports (D)	»	(D) Dans les établissements situés hors des ports, les fournitures de chauffage et de luminaire pour les maisons, salle de conseil et bureau des directeurs sont faites en nature. Le maximum de la dépense est fixé par décision ministérielle.
Service de santé au Havre	50.000	
Concierge et portier de chaque hôtel de préfecture maritime	100.000	
Concierge. — de l'hôtel de la marine dans les ports secondaires (art. 141 du décret)	100.000	
de l'arsenal au Havre, de l'établissement des subsistances et approvisionnements à Nantes	100.000	
Chef guetteur et guetteur des sémaphores (chacun d'eux)	100.000	

RETENUE

CORPS		
Officiers de marine	Officier supérieur	. . . .
	Lieutenant de vaisseau	. . . .
	Enseigne de vaisseau	. . . .
	Aspirant	. . . .
Mécaniciens en chef et principaux	Mécanicien en chef	. . . .
	Mécanicien principal de 1re classe	. . . .
	— de 2e classe	. . . .
Génie maritime	Officier supérieur	. . . .
	Sous-ingénieur de 1re et de 2e cl.	. . . .
	— de 3e classe	. . . .
	Élève-ingénieur	. . . .
Ingénieurs hydrographes	Officier supérieur	. . . .
	Sous-ingénieur de 1re et de 2e cl.	. . . .
	— de 3e classe	. . . .
	Élève-ingénieur	. . . .
Commissariat de la marine	Officier supérieur	. . . .
	Sous-commissaire	. . . .
	Aide-commissaire	. . . .
	Élève-commissaire	. . . .
Inspection des services administratifs	Inspecteur et inspecteur-adjoint	. . . .
Personnel administratif des directions de travaux	Agent administratif principal	. . . .
	Agent administratif	. . . .
	Sous-agent administratif	. . . .

D'HOPITAL (Art. 80 et suivants).

MONTANT DE LA RETENUE		OBSERVATIONS.
en France.	dans les colonies.	
4f »	6f »	**Dispositions diverses.**
2 60	4 50	
2 »	4 »	
1 50	3 »	§ 1er. — Lorsque les officiers généraux des divers corps de la marine sont traités dans les hôpitaux, il leur est fait une retenue fixée uniformément à 5 francs par jour en France.
4 »	6 »	
2 60	4 50	
2 »	4 »	§ 2. — Les retenues qui font l'objet du présent tarif sont applicables aux officiers et agents en congé, en non-activité ou en réforme.
4 »	6 »	Toutefois la retenue ne peut, en aucun cas, être supérieure à la moitié de la solde à laquelle l'officier, l'employé ou l'agent
2 60	4 50	a droit par jour, suivant sa position de non-activité, de réforme
2 »	4 »	ou de congé.
1 50	3 »	
4 »	6 »	§ 3. — Tout officier, fonctionnaire ou agent ne jouissant pas d'un traitement colonial, supporte les retenues sur le pied de France lorsqu'il est
2 60	4 50	admis aux hôpitaux dans les colonies.
2 »	4 »	
1 50	3 »	§ 4. — Les pensionnaires de la marine et les demi-soldiers ne peuvent être
4 »	6 »	admis dans les hôpitaux aux frais de la marine qu'exceptionnelle-ment et par suite d'une autorisation spéciale de l'autorité ma-
2 60	4 50	ritime ultérieurement sanctionnée par le Ministre.
2 »	4 »	Cette autorisation ne doit leur être accordée que lorsqu'ils sont
1 50	3 »	atteints de maladie ou de blessures graves et qu'il est constaté qu'ils ne peuvent se procurer chez eux les secours qui leur sont
4 »	6 »	nécessaires.
4 »	6 »	La retenue qu'ils ont à subir pour leur traitement à l'hôpital est la même que celle déterminée par le présent tarif pour les offi-
2 60	4 50	ciers, fonctionnaires et agents du même grade en activité de service.
2 »	4 »	Toutefois, cette retenue ne devra jamais dépasser les 9/10 de la somme à laquelle leur pension de retraite ou leur demi-solde leur donne droit par jour, afin qu'il reste à leur disposition un dixième de leur pension ou de leur demi-solde.

TARIF Nº 52 (suite).

RETENUE

CORPS	GRADES ET EMPLOIS.
Personnel du service des manutentions...........	Chef de manutention principal............
	Chef de manutention............
	Sous chef de manutention ....
Corps de santé.........	Officier supérieur ....
	Médecin et pharmacien de 1re cl............
	— — de 2e cl............
	Aide-médecin et aide-pharmacien............
Aumôniers de la marine......	Aumônier supérieur ....
	Aumônier (A)............
Examinateurs et professeurs d'hydrographie...........	Examinateurs et professeurs de 1re classe ....
	Professeur de 2e classe............
	— de 3e classe ....
Comptables des matières.....	Agent comptable principal............
	Agent comptable............
	Sous-agent comptable ....
Chefs de musique........	Des divisions de Brest et de Toulon............
Ingénieurs des ponts et chaussées.	Ingénieur en chef ....
	Ingénieur ordinaire de 1re et de 2e classe ....
	Ingénieur ordinaire de 3e classe ....
Trésoriers des Invalides de la marine............	Trésorier de 1re classe ....
	— de 2e classe ....
	— de 3e classe ....

MONTANT DE LA RETENUE.		OBSERVATIONS.
en France.	dans les colonies.	
4f »	6f »	
2 00	4 50	
2 »	4 »	
4 »	6 »	
2 00	4 50	
2 »	4 »	
1 50	3 »	
4 »	6 »	
2 00	4 50	(A) Les aumôniers attachés aux hôpitaux maritimes ne subissent pas les retenues d'hôpital. (*Art. 4 du règlement du 18 janvier 1859 sur le service religieux de la marine.*)
4 »	6 »	
2 00	4 50	
2 »	4 »	
4 »	6 »	
2 00	4 50	
2 »	4 »	
2 »	4 »	
4 »	6 »	
2 00	4 50	
»	4 »	
»	6 »	
00	4 50	
»	4 »	

RETENU

CORPS	GRADES ET EMPLOIS.
Divers services..........	Magistrature, culte, trésor, agents des services financier services des ports, etc., aux colonies; maître principa commis du commissariat, auxiliaire civil du commissaria commis des directions de travaux et écrivains du mêm service; commis de comptabilité et écrivains du mêm service; professeurs de l'école d'application des asp rants, professeur de l'école des mousses; professeur d cours normal des instituteurs de la flotte, à Rochefort.
	Traitements. \{ de 3,001 fr. et au-dessus........ de 2,501 fr. à 3,000........... de 1,801 fr. à 2,500.......... de 1,401 fr. à 1,800 .... de 1,001 fr. à 1,400........... de 1,000 fr. et au-dessous.......
Agents inférieurs	Maîtres entretenus, fourriers-chefs, marins-vétéraus syndics, magasiniers du corps des comptables, personn du gardiennage, pompiers, guetteurs des électro-séma phores, gardes maritimes.
	Traitements. \{ de 1,601 fr. et au-dessus........ de 1,401 fr. à 1,600........... de 1,201 fr. à 1,400........... de 1,001 fr. à 1,200........... de 1,000 fr. et au-dessous.......

MONTANT DE LA RETENUE.		OBSERVATIONS.
En France.	Dans les colonies.	
4f »	6f »	NOTA. — *Ouvriers.* — Le tarif ci-contre n'est pas applicable au personnel ouvrier, qui doit continuer à conserver à l'hôpital la moitié de sa solde matriculaire.
2 60	4 50	Conformément à l'article 27 du décret du 18 janvier 1867, les retenues à exercer sur ladite solde sont décomptées pour le nombre de journées de
2 »	4 »	travail régulier dans l'arsenal, y compris les journées extraordinaires accordées pour les fêtes publiques et déduction faite des dimanches et des
1 50	3 »	jours fériés.
1 25	2 50	Les ouvriers des entrepreneurs de la marine sont reçus dans les hôpitaux aux mêmes conditions que les ouvriers de l'État, lorsque les marchés passés
1 »	2 »	avec les entrepreneurs le stipulent, mais seulement dans les cas prévus par lesdits marchés.
1 40	2 80	
1 30	2 60	
1 20	2 40	
1 »	2 »	
» 80	1 60	

TABLE DES TARIFS

Inséré au Bulletin officiel 1875. — Paris, imp. E. Lacroix.